Arbeitsheft

Fachkenntnisse 1 Industriemechaniker

Lernfelder 5–9

3., aktualisierte Auflage

von
Reiner Haffer
Robert Hönmann

Handwerk und Technik – Hamburg

Bildquellenverzeichnis
Autoren und Verlag danken den genannten Firmen, Institutionen und Personen für die Überlassung von Vorlagen bzw. Abdruckgenehmigungen folgender Abbildungen:

AIRTEC Pneumatic GmbH, Kronberg: S. 38.1 – **Böllhoff Gruppe**, Bielefeld: S. 108.3 – **Bosch Rexroth AG**, Lohr am Main: S. 55.4; 59.1, 2; 88.2, 3 – **CeramTec GmbH Service Center Unternehmensentwicklung und Recht**, Plochingen: S. 4.4 – **CERATIZIT Austria GmbH**, A-Reutte: S. 4.2 – **Dana – Victor Reinz**, Neu-Ulm: S. 108.2 – **DMG MORI AKTIENGESELLSCHAFT**, Bielefeld: S. 83.3 – **Dr. Johannes Heidenhain GmbH**, Traunreut: S. 89.3; 90.2, 3, 4 – **E. Zoller GmbH & Co. KG**, Pleidelsheim: S. 105.1 – **Einkaufsbüro Deutscher Eisenhändler GmbH**, Wuppertal www.toolineo.de: S. 4.1 – **EMCO GmbH**, A-Hallein: S. 122.4 – **Reiner Haffer**, Dautphetal: S. 27.2 – **Hermle AG**, Gosheim, www.hermle.de: S. 86.6 – **Robert Hönmann**, Ulm: S. 108.4; 110.1, 2, 3, 4; 117.1; 122.1 – **Hoffmann GmbH Qualitätswerkzeuge**, 2017: S. 27.3, 4 – **igus® GmbH**, Köln: S. 108.1a+b – **Lehren- und Meßgerätewerk Schmalkalden GmbH**, Schmalkalden: S. 27.5 – **Volker Lindner**, Recklinghausen: S. 113.1; 122.3 – **Mahr GmbH**, Göttingen: S. 26.2; 31.1 – **Nabertherm GmbH**, Lilienthal: S. 62.1 – **RB-Messwerkzeuge GmbH**, Albstadt: S. 27.1 – **Sandvik Tooling Deutschland GmbH**, GB Coromant, Düsseldorf: S. 2.1, 2; 4.3, 5; 7.2; 17.1 – **Schaeffler Technologies AG & Co. KG**, Schweinfurt: S. 66.2; 68.2; 71.2; 75.2; 81.1 – **Shutterstock Images LLC**, New York, USA: S. 71.1 © Bildagentur Zoonar GmbH – **SKF GmbH**, Schweinfurt: S. 72.1 – **stock.adobe.com**: S. 122.5 © Kadmy – **TOSAG Engineering AG**, CH-Rothrist: S. 32.2 – **2018 – © UFI FILTERS HYDRAULIC DIVISION** – „Alle Rechte vorbehalten": S. 55.8 – **VOLZ Werkzeugmaschinen GmbH & Co. KG**, Witten-Annen: S. 122.2 – **Weiler Werkzeugmaschinen GmbH**, Emskirchen: S. 111.1; 115.1; 116.1, 2, 4 – **WIKA Alexander Wiegand SE & Co. KG**, Klingenberg: S. 57.1

ISBN 978-3-582-23896-2
Best.-Nr. 30175
Arbeitsheft – 3. Auflage

ISBN 978-3-582-94112-1
Best.-Nr. 30177
E-Book mit Lösungen – III/3. Auflage

Verlag Handwerk und Technik GmbH,
Lademannbogen 135, 22339 Hamburg; Postfach 63 05 00, 22331 Hamburg – 2024
E-Mail: info@handwerk-technik.de – Internet: www.handwerk-technik.de

Satz und Layout: KCS GmbH · Verlagsservice und Medienproduktion, Stelle/Hamburg
Zeichnungen: Dipl.-Ing. Manfred Appel, Kattendorf; Kontny, Ingenieurteam, Hamburg : S. 8.1-4; 31.1a-g, 4a-e und
Michele Di Gaspare – Render 3Dx, 50127 Bergheim
Umschlagmotiv: Dipl.-Ing. Manfred Appel, Kattendorf
Druck: mediaprint solutions GmbH, 33100 Paderborn

5 Lernfeld 5

6 Lernfeld 6

Bewegungen und Geschwindigkeiten beim Drehen und Fräsen

1. Tragen Sie die Bezeichnungen *Schnittbewegung*, *Zustellbewegung* und *Vorschubbewegung* in jede der beiden Abbildungen ein.

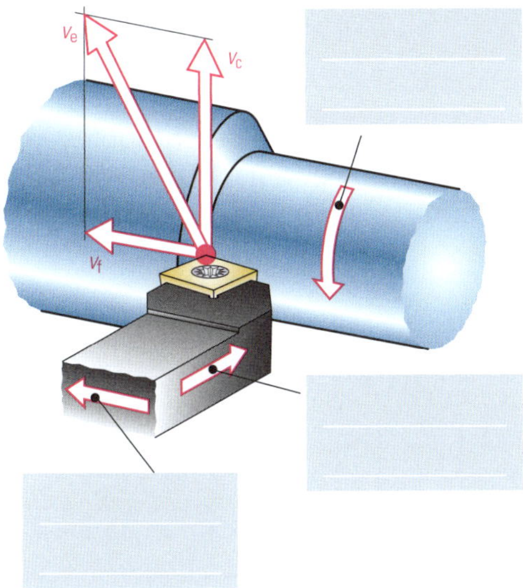

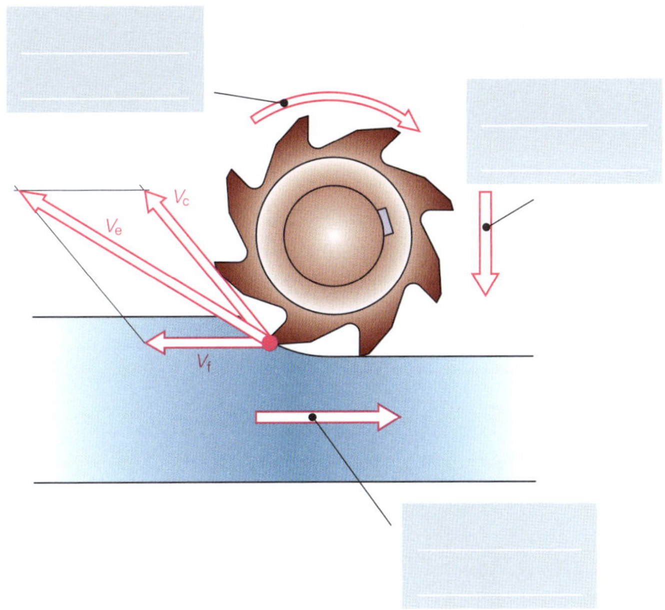

2. Nennen Sie vier Faktoren, die die *Schnittgeschwindigkeit* (v_c) bestimmen, und geben Sie an, in welcher Weise sie sich auf deren Wahl auswirken.

3. Tragen Sie in die beiden Abbildungen für die *Schnitttiefe* $\boldsymbol{a}_p$, den *Vorschub* **f** und den *Arbeitseingriff* $\boldsymbol{a}_e$ ein.

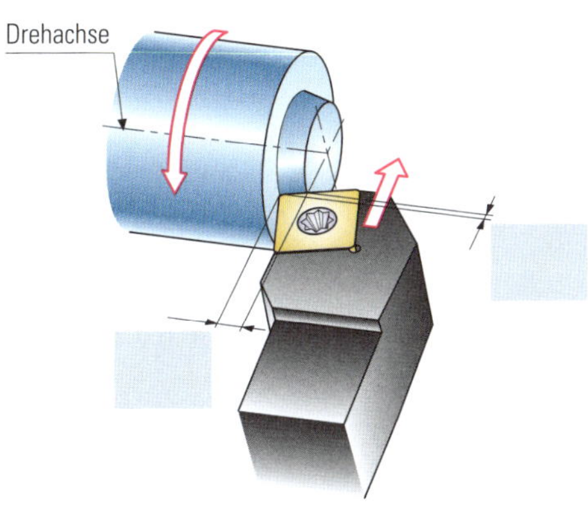

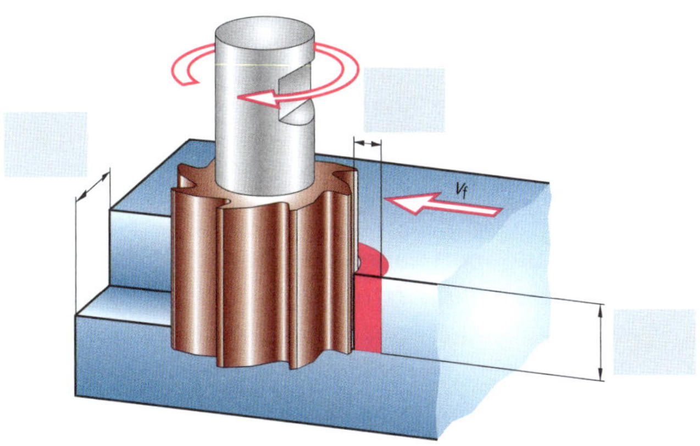

Name:	Klasse:	Datum:

4. Nennen Sie vier Faktoren, die den *Vorschub f* bestimmen, und geben Sie an, in welcher Weise sie sich auf dessen Wahl auswirken.

5. Eine Welle aus 34CrMo4 mit 60 mm Durchmesser soll durch Längsrunddrehen geschruppt werden. Als Schneidstoff wurde die Hartmetallsorte P40 gewählt, der Vorschub beträgt 0,8 mm. Wählen Sie die *Schnittgeschwindigkeit* v_c und berechnen Sie die *Umdrehungsfrequenz n* und die *Vorschubgeschwindigkeit* v_f.

6. Mit einem Vollhartmetallfräser mit 20 mm Durchmesser und vier Schneiden ist eine Platte aus 42CrMo4 zu bearbeiten. Der Werkzeughersteller schlägt eine Schnittgeschwindigkeit von 100 m/min und einen Vorschub pro Zahn von 0,1 mm vor. Bestimmen Sie die *Umdrehungsfrequenz n* für den Fräser und seine *Vorschubgeschwindigkeit* v_f.

7. Nebenstehend sind zwei Wendeschneidplatten zum Drehen mit Spanformern bzw. Spanleitstufen und die dazu gehörenden Spanbruchdiagramme dargestellt.

Welche Aufgaben haben die Spanformer bzw. Spanleitstufen?

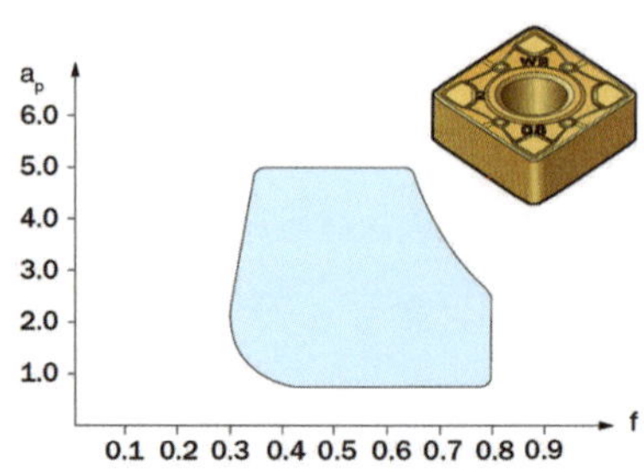

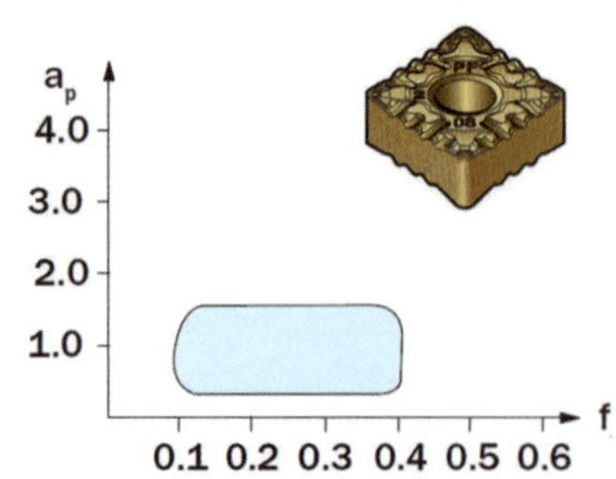

8. Begründen Sie, welche der beiden Schneidplatten zum Schlichten geeignet ist.

Name:	Klasse:	Datum:

Schrupp- und Schlichtbearbeitung

1. Welches Ziel wird mit der Schruppbearbeitung angestrebt und wie sind die Einstellwerte (a_p, a_e, f, f_z und v_c) zu wählen?

2. Welche Ziele werden mit der Schlichtbearbeitung angestrebt und wie sind die Einstellwerte (a_p, a_e, f, f_z *und* v_c) zu wählen?

Schneidenradius

1. Ergänzen Sie den Merksatz zum Schneidenradius.

Merke

Je ________________ der Schneidenradius, desto ________________ die Oberflächenqualität.

2. Welcher Vorschub ist beim Drehen mit einer Wendeschneidplatte zu wählen, die einem Schneidenradius von 0,8 mm besitzt, wenn eine maximale Rautiefe von 6 µm gefordert ist?

Verschleiß und Standzeit

1. Nennen Sie zwei *Verschleißarten* an der Werkzeugschneide und geben Sie die Gründe für ihr Entstehen an.

2. Was wird beim Zerspanen unter dem Begriff Standzeit verstanden?

3. Wie wirkt sich eine Verminderung der Schnittgeschwindigkeit auf die Standzeit aus?

Name:	Klasse:	Datum:

Schneidstoffe

1. Aus welchen Gründen werden Werkzeuge aus Schnellarbeitsstahl (HSS) gegenüber Hartmetallen bevorzugt?

2. Welche Vorteile haben Hartmetalle gegenüber Schnellarbeitsstahl?

3. Welchen Einfluss hat ein steigender Bindemittelanteil auf die *Härte, Biegesteifigkeit* und *Verschleißfestigkeit* der Hartmetalle?

4. Legen Sie die Hauptanwendungsgruppen für die Hartmetalle fest, die für die Zerspanung von E235, X2CrNiMo17-12-2 und EN AW-AlMg3 geeignet sind.

5. Welche Eigenschaften werden durch die Beschichtung von Hartmetallwerkzeugen verändert?

6. Nennen Sie zwei Vorteile und einen Nachteil von Schneidkeramik gegenüber Hartmetallen.

7. Schlüsseln Sie für eine Wendeschneidplatte die Bezeichnung SNMA 15-05-08 E N P30 auf.

8. Ermitteln Sie die Warmhärte von kubischem Bornitrid (CBN).

Name:	Klasse:	Datum:

Arbeitsauftrag: Antriebswelle für Stirnradgetriebe drehen

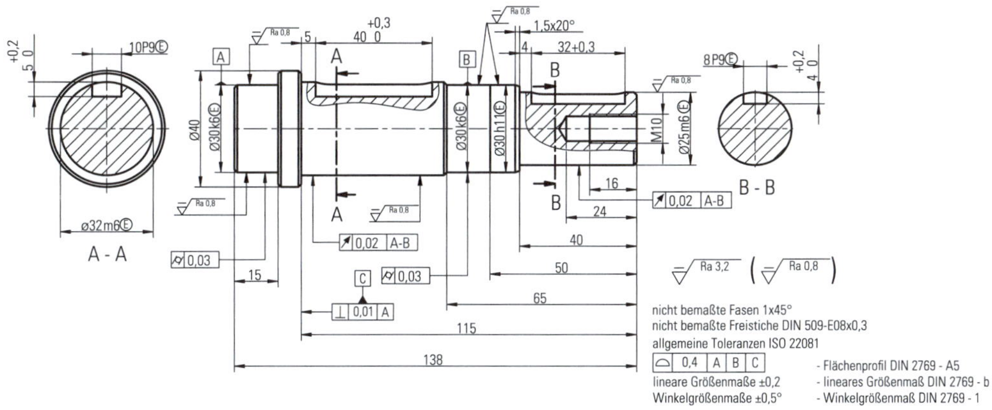

Die dargestellte Antriebswelle aus 50CrMo4 ist aus einem Rohling von ∅45x143 auf einer konventionellen Zugspindel-Leitspindel-Drehmaschine herzustellen. Nach dem Drehen werden abschließend die beiden Passfedernuten auf der Fräsmaschine gefertigt.

Zeichnungsanalyse

1. Legen Sie für die eng tolerierten Durchmesser der Antriebswelle die Höchst-, Mindest- und die angestrebten mittleren Maße fest. Diese Wellenabschnitte nehmen zwei Kugellager, ein Zahnrad, ein Wellendichtring und eine Keilriemenscheibe auf.

Durchmesser	Mindestmaß	Höchstmaß	Mittleres Maß
∅30k6	30,002	30,015	30,0085
∅32m6			
∅30h11			
∅25m6			

2. Welche Anforderungen werden an die Oberflächen der betrachteten Wellenabschnitte gestellt und wie müssen die restlichen Oberflächen sein?

3. In der Zeichnung sind Angaben zur Formtoleranz und zur Lagentoleranz vorhanden. Erläutern Sie diese beiden Toleranzarten.

4. Schlüsseln Sie die folgenden Toleranzangaben auf.

⌭ 0,03

↗ 0,02 | A-B

Name:	Klasse:	Datum:

Grobarbeitsplanung

1. Skizzieren und beschreiben Sie in der folgenden Tabelle die Arbeitsschritte zum Drehen der Antriebswelle mit drei Spannungen des Drehteils.

Skizze des Drehteils	Arbeitsschritte

Drehmaschine

1. Welche Einflüsse haben die Führungen bei der Drehmaschine auf die Qualität des Drehteils?

2. Nennen Sie zwei Funktionen, die die Arbeitsspindel der Drehmaschine übernimmt.

3. Welche Aufgaben übernimmt der Reitstock bei der Herstellung der Antriebswelle?

4. Wird bei der Zerspanung der Antriebswelle die Zug- oder die Leitspindel genutzt?

Name:	Klasse:	Datum:

Auswahl der Drehwerkzeuge

1. Tragen Sie in das nebenstehende Bild die Abkürzungen für *Hauptschneide* ***(HS)***, *Hauptfreifläche* ***(HFF)***, *Nebenschneide* ***(NS)***, *Nebenfreifläche* ***(NFF)***, *Eckenwinkel* ***(ε)*** und *Einstellwinkel* ***(κ)*** ein.

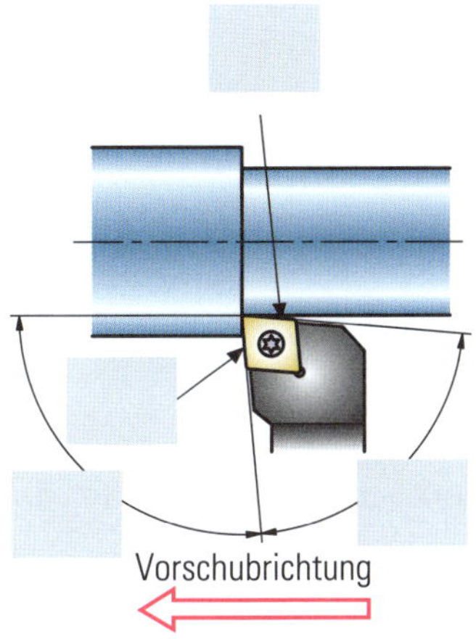

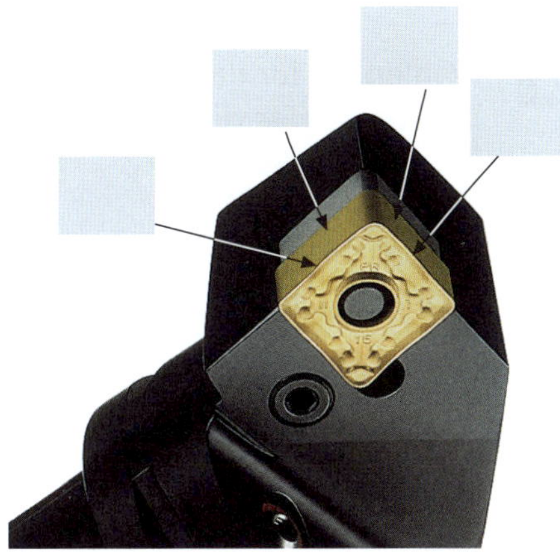

Merke

Je __________ der **Eckenwinkel** (**ε**), desto __________ ist die Werkzeugspitze und umso geringer ist die Gefahr des Werkzeugbruchs. Deshalb werden große Eckenwinkel (**ε**) beim __________ gewählt.

2. Beschreiben Sie mit „je … desto", wie sich bei gleichbleibendem Vorschub f und Schnitttiefe a_p die Spanungsdicke h und die Spanungsbreite b verändern, wenn der Einstellwinkel κ von 90° auf 45° abnimmt?

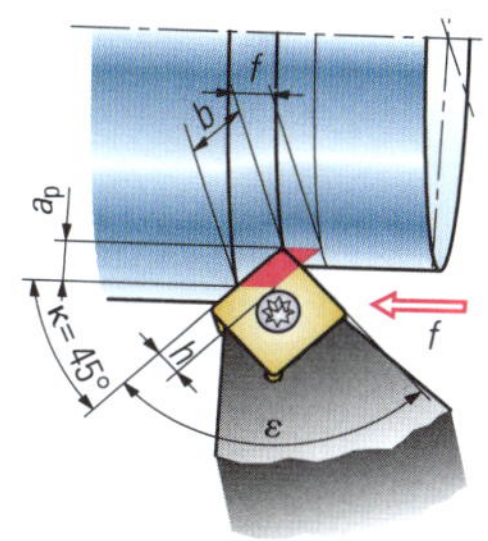

3. Welche Auswirkungen hat eine Zunahme der Spanungsbreite und eine Abnahme der Spanungsdicke auf die Belastung der Hauptschneide und auf die Standzeit des Werkzeugs?

4. Welche Auswirkungen kann eine geringe Spanungsdicke auf die Spanbildung haben?

5. Begründen Sie, ob Sie beim Längsschruppen einen negativen oder positiven Neigungswinkel λ bevorzugen.

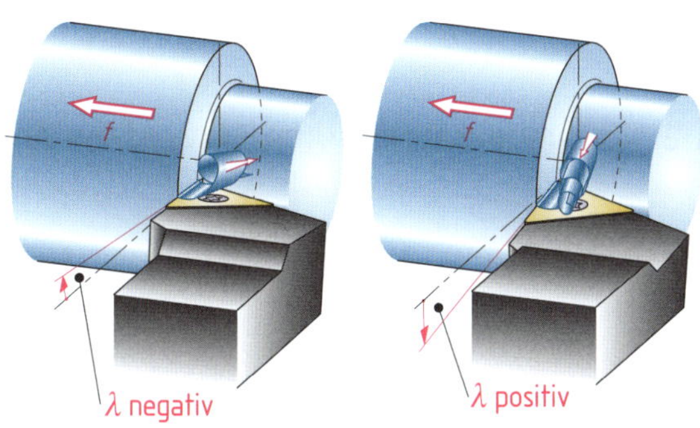

Name:	Klasse:	Datum:

Für das Längsrund- und Querplandrehen der Antriebswelle sollen für das Schruppen und Schlichten beschichtete Hartmetallschneidplatten eingesetzt werden.

6. Wählen Sie für das Schruppen das Klemmsystem zur Befestigung der Wendeschneidplatte und begründen Sie die Entscheidung.

7. Wählen Sie für das Schruppen und Schlichten eine der dargestellten Wendeschneidplattenformen und begründen Sie die Wahl.

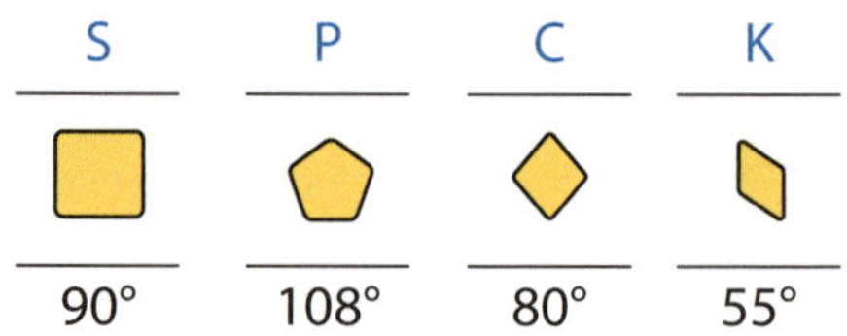

8. Legen Sie den Einstellwinkel κ für die gewählte Schneidplatte fest.

9. Skizzieren Sie eine Wellenaußenkontur mit Werkzeug, bei der die Wendeschneidplattenform K erforderlich ist.

10. Beim Schruppen der Antriebswelle wird eine Schnitttiefe von 5 mm nicht überschritten. Welche Plattengröße wählen Sie für die Schruppbearbeitung?

11. Zum Schruppen der Antriebswelle wird eine beschichtete Schneidplatte DIN ISO 1832 - CNGG 12 04 16 E N –P30 gewählt. Wie groß ist der *Schneidenradius* der Wendeschneidplatte und welchen *Vorschub f* würden Sie zum Schruppen der Antriebswelle wählen?

12. Bestimmen Sie die *Schnittgeschwindigkeit* v_c zum Schruppen der Antriebswelle mit der angegebenen Schneidplatte.

13. Bestimmen Sie die Umdrehungsfrequenz für das Schruppen des Ø40 an der Antriebswelle.

Name:	Klasse:	Datum:

Kräfte an Werkzeug und Werkstück

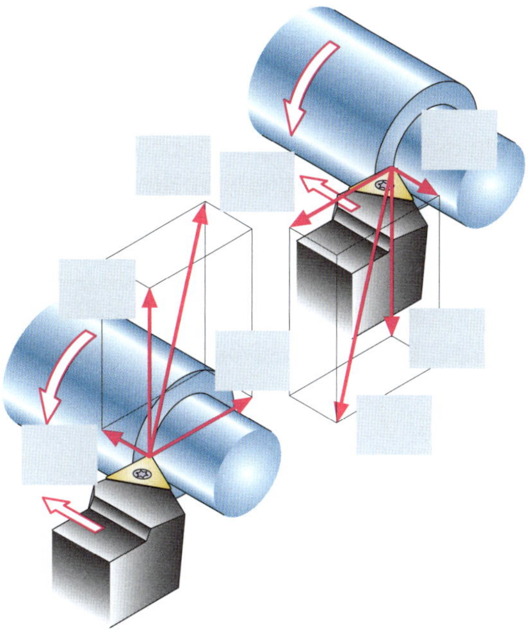

1. Tragen Sie in das nebenstehende Bild die Abkürzungen für die dargestellten Kräfte bzw. Gegenkräfte *Schnittkraft* $\boldsymbol{F}_c$, *Vorschubkraft* $\boldsymbol{F}_f$, *Passivkraft* $\boldsymbol{F}_p$ und *resultierende Kraft* $\boldsymbol{F}$ ein.

2. Von welchen Faktoren hängt die Größe der Schnittkraft F_c ab?

3. Welchen Einfluss hat die Abnahme des Einstellwinkel κ von 90° zu 30° auf die Passivkraft F_p?

4. Welchen Einstellwinkel wählen Sie beim Drehen von langen, dünnen Wellen, um die Passivkraft möglichst gering zu halten?

5. Was bedeutet die Angabe der spezifischen Schnittkraft k_c von 2000 N/mm² für den Stahl 50CrMo4?

6. Bestimmen Sie die Schnittkraft F_c, die beim Schruppen der Antriebsspindel nötig ist, wenn der Vorschub 0,8 mm und die Schnitttiefe 5 mm beträgt.

7. Ermitteln Sie die Schnittleistung und die Motorleistung für das Schruppen bei einer Schnittgeschwindigkeit von 150 m/min und einem Wirkungsgrad von 75 %.

Name:	Klasse:	Datum:

Spannmittel

Zum Drehen der Antriebsspindel sind drei Spannungen des Werkstücks notwendig.

1. In der linken Spalte der Tabelle ist der Bearbeitungsfortschritt der Antriebswelle dargestellt. Skizzieren Sie in dieser Spalte die Spannmittel.

2. Benennen Sie in der rechten Spalte die Spannmittel und begründen Sie deren Auswahl.

Skizze des Drehteils mit Spannmittel	Benennung der Spannmittel und Begründung der Spannmittelauswahl
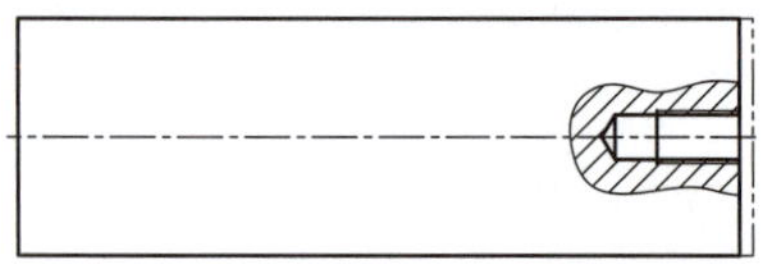	
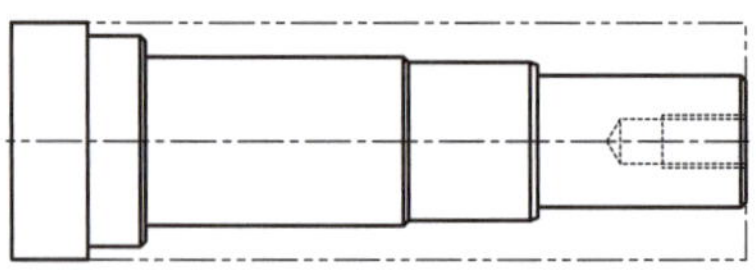	
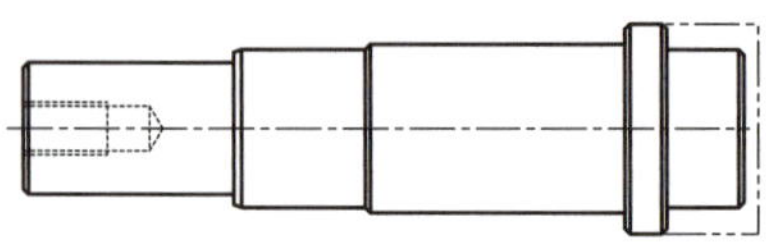	

3. Skizzieren Sie ein Drehteil, das Sie mit einem Vierbackenfutter spannen würden.

4. Nennen Sie einen Vorteil des Stirnseitenmitnehmers.

5. Bei welchen Drehteilen ist es sinnvoll, Spanndorne einzusetzen?

6. Nennen Sie drei Maßnahmen zur Unfallverhütung beim Drehen.

Name:	Klasse:	Datum:

Arbeitsplan mit Schnittdaten

1. Legen Sie in der folgenden Tabelle die Fertigungsschritte mit den dazugehörenden Werkzeugen und technologischen Daten fest.

Lfd. Nr.	Fertigungsschritt	Werkzeuge und Hilfsmittel	Technologische Daten
1	1. Spannung	Dreibackenfutter mit harten Backen	

Name:	Klasse:	Datum:

Gewindedrehen

Zum Gewindedrehen werden meistens Wendeschneidplatten genutzt.

1. Geben Sie für die dargestellten Typen Vor- und Nachteile an.

Vollprofil	Teilprofil	Mehrfachzahnprofil
	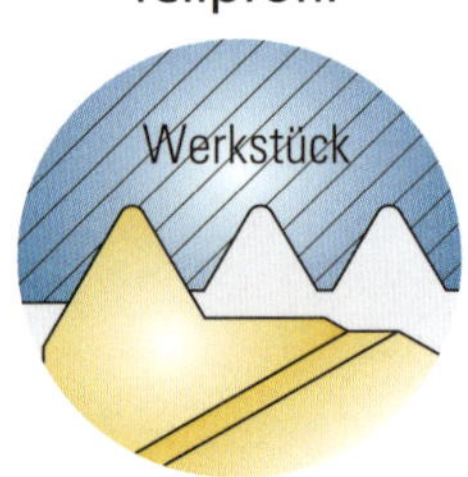	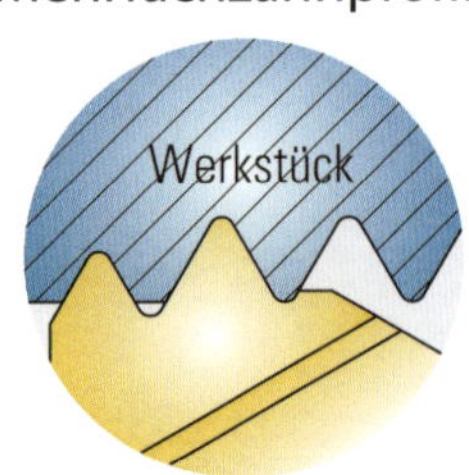

Name:	Klasse:	Datum:

Arbeitsauftrag: Schrägführung fräsen

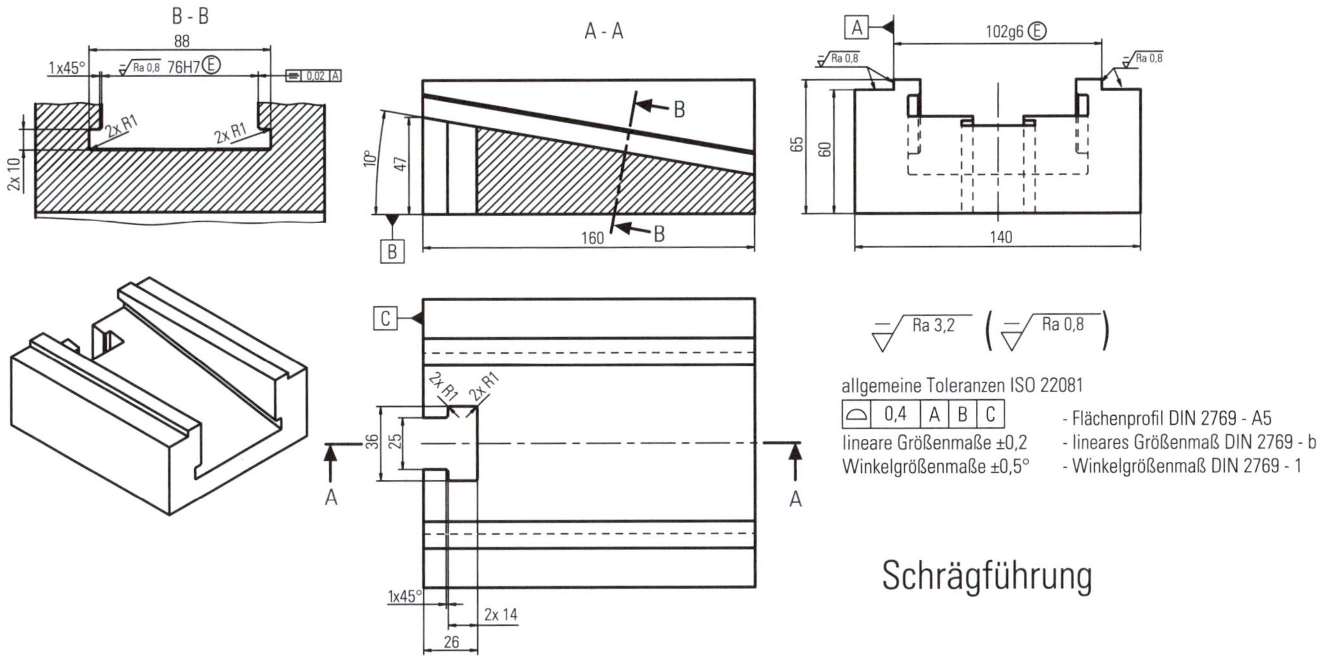

Die Schrägführung aus 30CrNiMo8 ist auf einer konventionellen Fräsmaschine mit spielfreien Vorschubantrieben zu fertigen. Dafür steht ein Rohling von 164x144x70 mm zur Verfügung.

Zeichnungsanalyse

1. Geben Sie an, zu welcher Werkstoffgruppe der Stahl 30CrNiMo8 gehört und schlüsseln Sie die Werkstoffbezeichnung auf.

2. Heben Sie in der oberen Zeichnung die Flächen hervor, deren Oberflächen besonders gut oder deren Toleranzen relativ klein sein sollen.

3. Tragen Sie für die dargestellten Maße die Höchst- und Mindestmaße und die mittleren Maße in die Tabelle ein.

Nennmaß	Mindestmaß	Höchstmaß	Mittleres Maß
25H7			
76H7			
102g6			

4. Welche Bedeutung hat das folgende Symbol, das in der Zeichnung vorhanden ist?

⌯	0,02	A

Name:	Klasse:	Datum:

Grobarbeitsplanung

1. Beschreiben Sie in der folgenden Tabelle die Arbeitsschritte zum Fräsen der Schrägführung und geben Sie die Werkzeugtypen an.

Skizze des Frästeils	Arbeitsschritte	Werkzeug
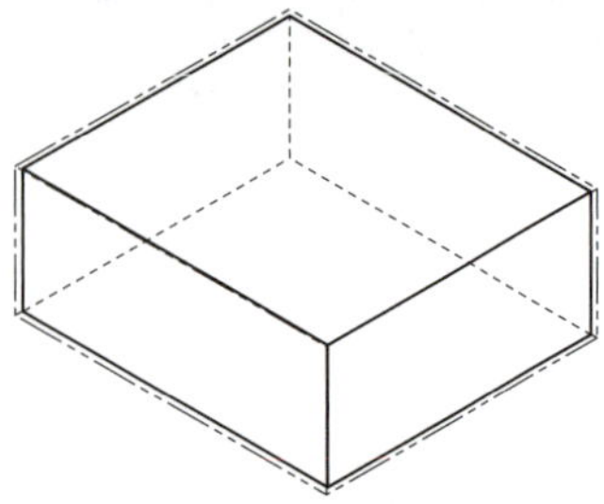		
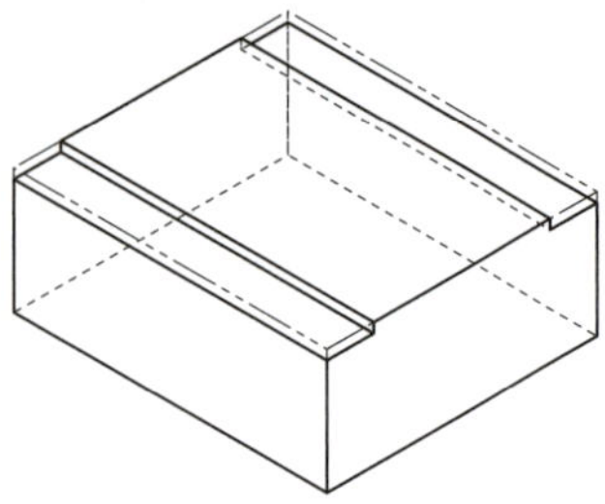		
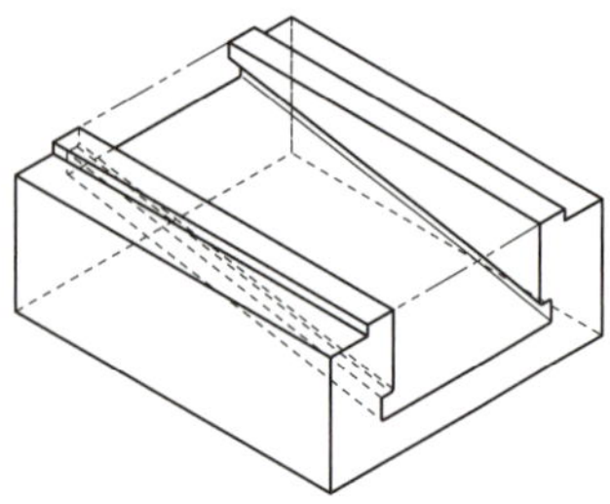		
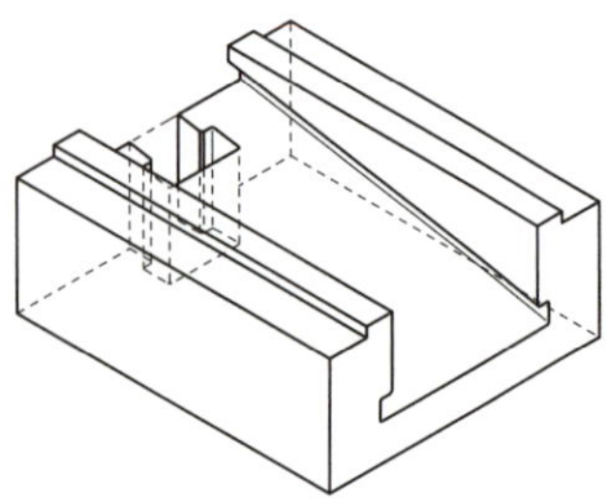		

Fräsmaschine

1. Beschriften Sie die einzelnen Elemente des Blockschaltbildes für eine Fräsmaschine.

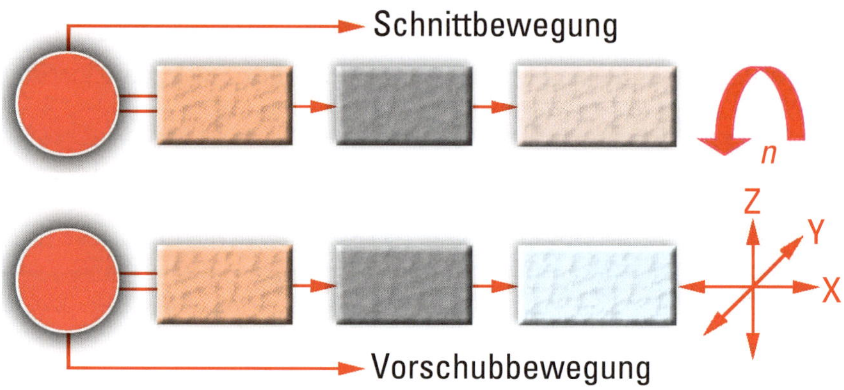

Name:	Klasse:	Datum:

Fräsverfahren

Bei der Fertigung der Schrägführung entstehen die Flächen durch *Stirnfräsen*, *Umfangsfräsen* und *Stirn-Umgangsfräsen*.

1. Ordnen Sie in der ersten Zeile der Tabelle den Bildern die entsprechenden Fräsverfahren zu.

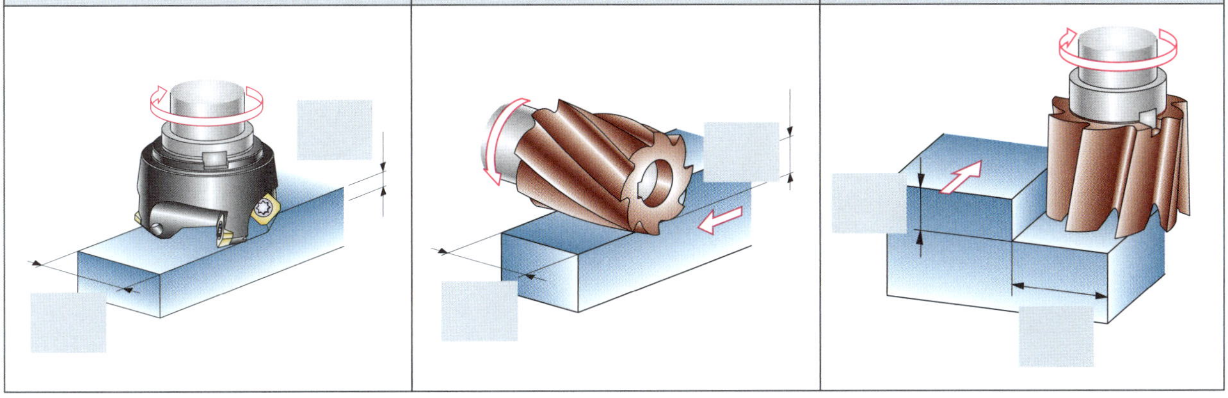

2. Tragen Sie a_p (Schnitttiefe) und a_p (Arbeitseingriff) bei den Fräsverfahren ein.

3. Ordnen Sie die herzustellenden Flächen an der Schrägführung den Fräsverfahren zu.

Stirnfräsen	Umfangsfräsen	Stirn-Umfangsfräsen

4. Stellen Sie in der folgenden Tabelle Stirn- und Umfangsfräsen vergleichend gegenüber.

Kriterium	Stirnfräsen	Umfangsfräsen
Spanform		
Anzahl der im Eingriff befindlichen Schneiden		
Schnittkraftschwankungen		
Vibrationsgefahr		
Zeitspanvolumen		

Merke

Beim Planfräsen ist das Stirnfräsen wegen seiner Vorteile gegenüber dem Umfangsfräsen möglichst zu ____________________.

Name:	Klasse:	Datum:

Gegenlauf- und Gleichlauffräsen

1. Tragen Sie die Überschriften für die dargestellten Fräsverfahren ein.

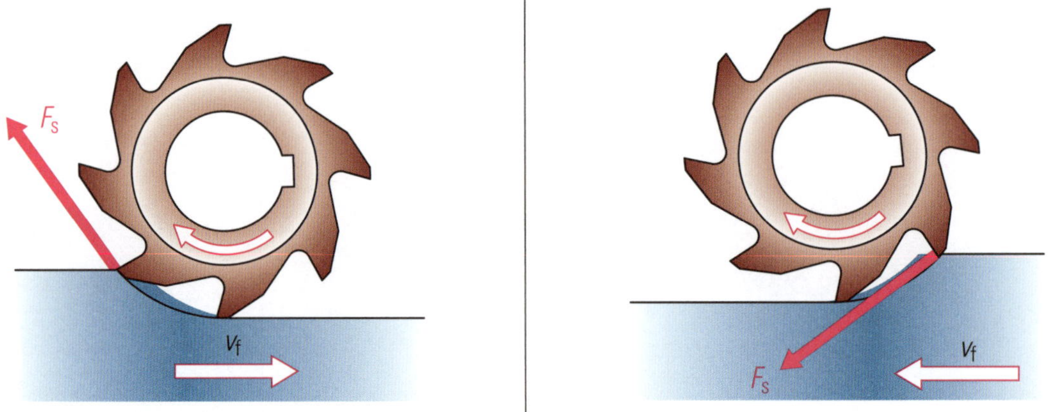	

2. Tragen Sie in die Lücken der folgenden Sätze Gegenlauffräsen oder Gleichlauffräsen ein.

- Beim ______ verlaufen Schnitt- und Vorschubbewegung in entgegengesetzte Richtungen.
- Beim ______ verlaufen Schnitt- und Vorschubbewegung in gleiche Richtung.
- Beim ______ beginnt die Spanabnahme mit der größten Spandicke.
- Beim ______ beginnt die Spanabnahme mit der kleinsten Spandicke.
- Beim ______ ist beim Beginn der Spanabnahme die Spanungsdicke kleiner als der Schneideradius. Durch elastische Verformung reibt die Freifläche auf der Arbeitsfläche.
- Beim ______ entstehen bessere Oberflächenqualitäten als beim ______.
- Bei harten, spröden Oberflächen wie z. B. Guss-oder Schmiedehaut wird das ______ bevorzugt.
- Beim ______ drückt die Schnittkraft F_S das Werkstück auf den Maschinentisch.
- Das ______ erfordert einen spielfreien Vorschubantrieb.

Merke

Das ______________________ ist wegen der besseren Oberflächenqualität dem ______________________ vorzuziehen, wenn ein spielfreier Vorschubantrieb vorhanden ist. Ausnahmen bilden Werkstücke mit sehr harten, das Werkzeug verschleißenden Oberflächen.

Name:	Klasse:	Datum:

Fräswerkzeuge und deren Auswahl

Zum Planfräsen der Schrägführung steht ein Fräskopf (Ø80) mit enger Teilung (8 Schneiden) zur Verfügung. Er nimmt beschichtete Schneidplatten mit doppelt positiver Schneidengeometrie der Hartmetallsorte P30 auf. Der Einstellwinkel beträgt 25°. Der Fräserhersteller schlägt eine Schnittgeschwindigkeit von 320 m/min und einen Vorschub pro Zahn von 0,33 mm vor.

1. Was bedeutet *doppelt positive Schneidengeometrie* und welchen Vorteil hat sie?

2. Bestimmen Sie die Spanungsdicke h, die Umdrehungsfrequenz n und die Vorschubgeschwindigkeit v_f für die gegebenen Schnittdaten.

3. Beim Planfräsen werden oft Schneidplatten mit Planfasen genutzt. Welchen Vorteil haben sie und wie groß muss die Planfase bei den Planfräsen der Schrägführung mindesten sein?

4. Für das Eckfräsen der Schrägführung sind vier Vorschubalternativen im Bild dargestellt. Wählen Sie zwei aus und begründen Sie Ihre Wahl.

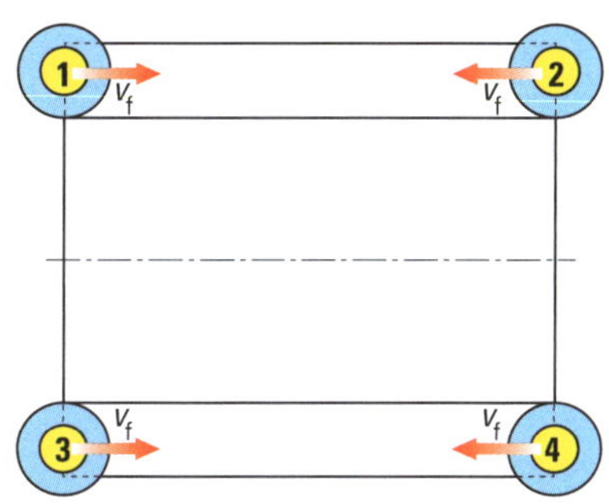

5. Skizzieren Sie in den nebenstehenden Ausschnitt den Fräser, mit dem an der T-Nut der Schrägführung die Fase von 1x45° gefräst wird.

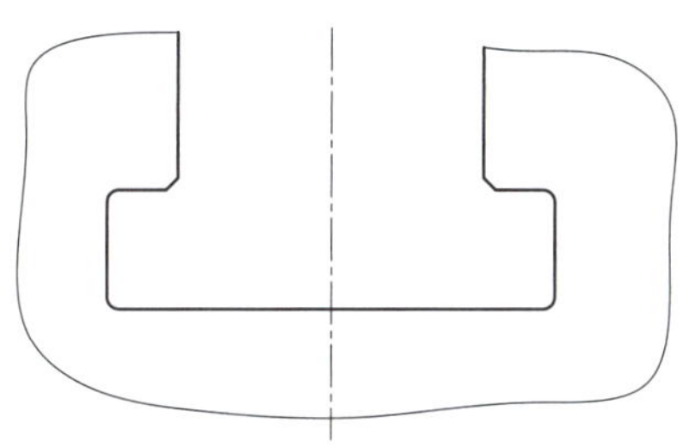

Name:	Klasse:	Datum:

Spannen von Werkzeug und Werkstück

Merke

Die Fräser müssen so gespannt sein, dass
sehr gute ____________________genauigkeit vorliegt.
hohe ______________genauigkeit in der Positionierung beim Werkzeugwechsel gewährleistet ist,
gute ______________________steifigkeit besteht und
sehr hohe ____________________________ möglich sind.

1. Die Verbindung zwischen Fräser und Frässpindel erfolgt meist über kegelförmige Elemente. Nennen Sie zwei Vorteile der Kegelverbindungen.

2. Vergleichen Sie die Drehmomentübertragung bei Steil- und Hohlschaftkegel.

3. Begründen Sie zwei Vorteile des dargestellten Hohlschaftkegels gegenüber Steilkegeln.

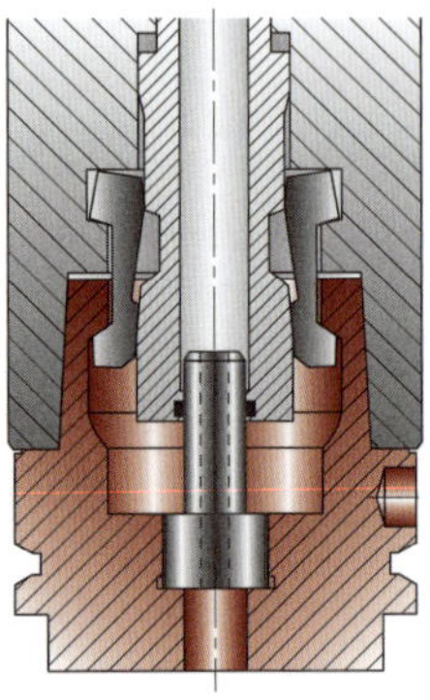

4. Führen Sie mindestens vier Möglichkeiten auf, wie die Fräser in den Kegeln gespannt werden.

5. Womit und wie würden Sie die Schrägführung beim Plan- und Eckfräsen spannen?

6. Welche drei Spannmöglichkeiten sehen Sie zum Fräsen der 10°-Schräge der Schrägführung?

Name:	Klasse:	Datum:

Arbeitsauftrag

Vier der dargestellten Gleitleisten aus ENGJL300 sind für das Schleifen durch Fräsen, Bohren, Senken und Reiben vorbereitet.

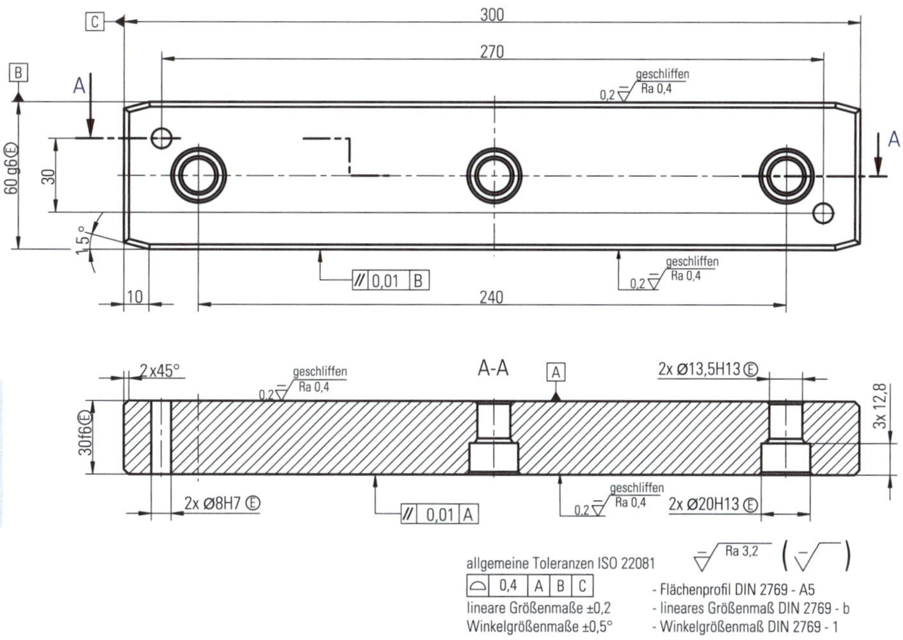

1. Schlüsseln Sie die Werkstoffbezeichnung für die Gleitleisten auf.

2. Wie groß ist die Schleifzugabe pro Fläche?

3. Welches Schleifverfahren ist für das Schleifen der Gleitleisten zu wählen?

4. Tragen Sie in das nebenstehende Bild die fehlenden Beschriftungen ein.

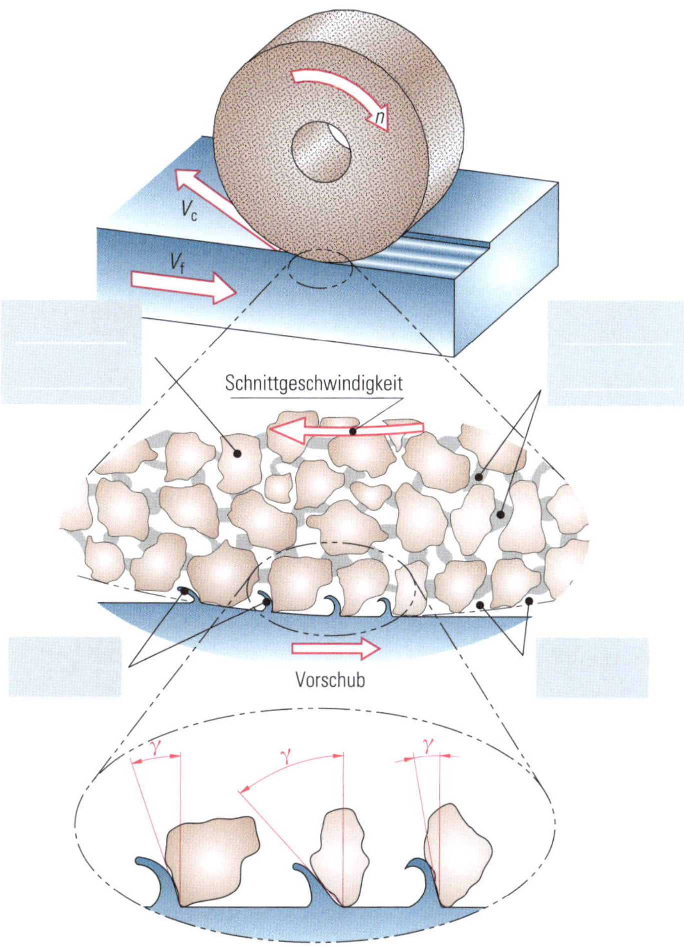

Merke

Schleifen ist Spanen mit einem ________________ Werkzeug und geometrisch ________________ Schneiden.

Aufbau von Schleifscheiben

Schleifmittel

1. Wonach richtet sich die Auswahl des Schleifmittels und welches wählen Sie für das Schleifen der Gleitleisten aus?

Merke

Die Auswahl der Schleifmittel richtet sich nach dem ________________.

Name:	Klasse:	Datum:

Körnung

2. Die Körnung einer Schleifscheibe ist mit „60“ angeben. Was wird unter Körnung verstanden?

Merke

Je besser die geforderte Oberflächenqualität, desto ____________ die zu wählende Körnung.

Je größer das Spanvolumen pro Minute, desto ____________ die zu wählende Körnung.

3. Welche Körnung schlagen Sie zum Schleifen der Gleitleisten vor?

Merke

Die gewünschten Eigenschaften des Schleifkörpers bestimmen seine Bindungsart.

Bindung

4. Begründen Sie, welche Bindungsart Sie für die Schleifscheibe zum Bearbeiten der Gleitleisten auswählen.

Merke

Die Härte der Schleifscheibe bezieht sich nicht auf die Härte der Schleifkörner, sondern sie ist der ________________________, den die Bindung dem Ausbrechen des Schleifkorns entgegensetzt.

Härtegrad

5. Welchen Härtegrad würden Sie für die Schleifscheibe zum Schleifen der Gleitleisten wählen und welche Probleme können entstehen, wenn der Härtegrad zu hoch gewählt wird?

Gefüge

6. Begründen Sie, welches Gefüge Sie für die Schleifscheibe zum Schleifen der Gleitleisten wählen.

Name:	Klasse:	Datum:

Abrichten und Auswuchten der Schleifscheiben

1. Aus welchem Grunde werden Schleifscheiben abgerichtet, wann geschieht das und was ist dabei zu beachten?

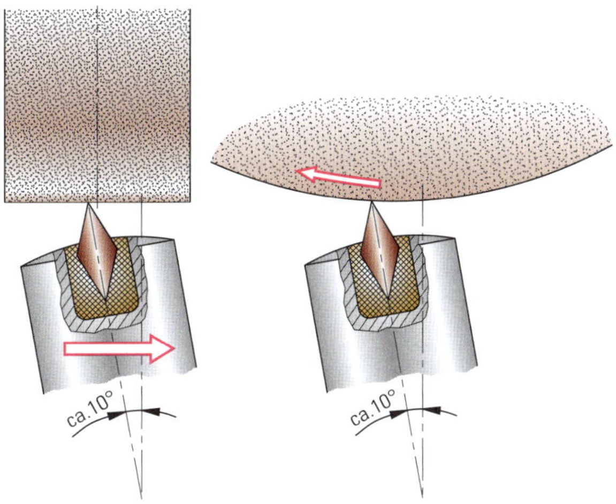

2. Begründen Sie, warum z. B. die Schleifscheibe zum Planschleifen der Gleitleisten auszuwuchten ist.

3. Beschreiben Sie mithilfe des Bildes das statische Auswuchten einer Schleifscheibe.

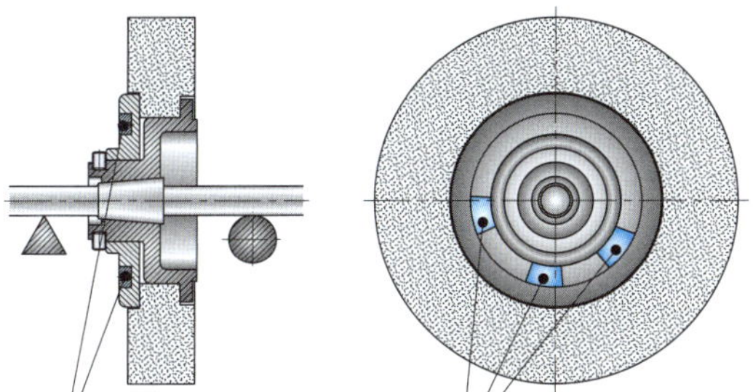

Sicherheit und Unfallverhütung

1. Nennen Sie mindestens vier Unfallverhütungsmaßnahmen beim Schleifen.

Name:	Klasse:	Datum:

Kühlschmierung

1. Ohne Kühlschmierung können beim Schleifen Temperaturen über 1000 °C entstehen. Welche Auswirkungen könnte das haben?

Merke

Je größer die Wärmeentwicklung, desto ________ Kühlschmierstoff muss zugeführt werden.

Um die Randzonentemperatur gering zu halten, sind

- ______________ Kühlschmierung
- ______________ Schnitttiefe
- möglichst ___________ Kontaktlänge
- ______________ Gefüge und
- ____________ Schleifscheiben zu wählen

Spannen der Werkstücke

1. Skizzieren und beschreiben Sie die Spannungen der vier Gleitleisten auf der Planschleifmaschine.

Skizzen zu den Spannungen	Bemerkungen

Name:	Klasse:	Datum:

Kostenarten und Zeiten in der Fertigung

1. Ordnen Sie die folgenden Begriffe der Übersicht zu: *Selbstkosten, Gewinn, Herstellkosten, Materialkosten, Fertigungskosten, Materialeinzelkosten, Fertigungseinzelkosten, Materialgemeinkosten* und *Fertigungsgemeinkosten*.

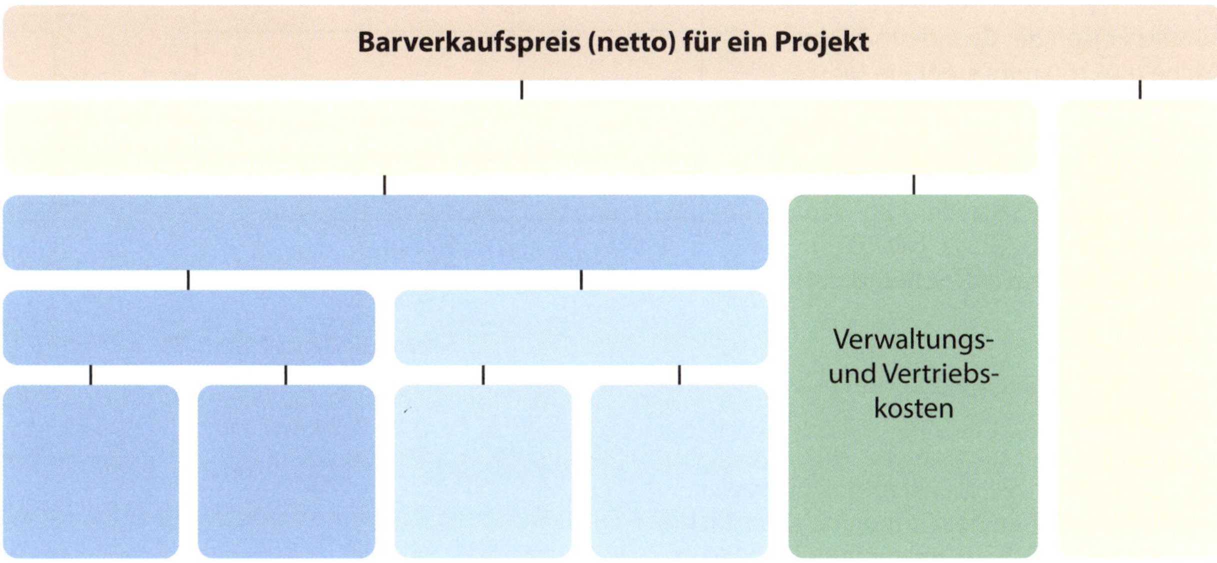

2. Beschreiben Sie den Unterschied zwischen Einzelkosten und Gemeinkosten und geben Sie Beispiele an.

3. Tragen Sie die folgenden Begriffe zur Auftragszeit in das nebenstehende Schaubild ein: Ausführungszeit, Grundzeit, Rüstzeit, Verteilzeit, Rüsterholzeit, Erholzeit, Rüstverteilzeit, Rüstgrundzeit, Betriebsmittelhauptnutzungszeit, Beeinflussbare Tätigkeiten und Wartezeit.

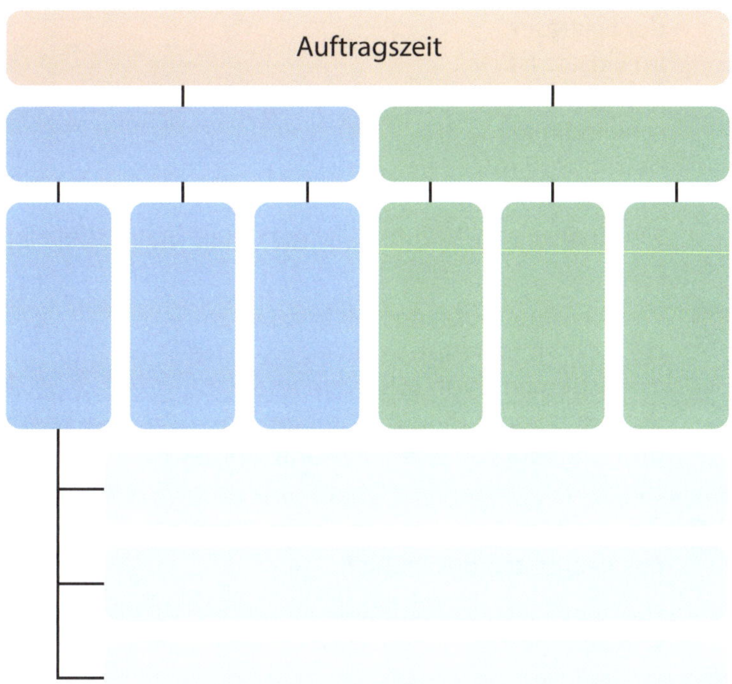

Name:	Klasse:	Datum:

Betriebsmittelhauptnutzungszeit

Das dargestellte Profil aus C60 wird aus einem Rohling von 85x25x165 mm gefräst und gebohrt.

Für das Fräsen der Grund- und Deckfläche (80x160 mm) steht ein Messerkopf mit 60 mm Durchmesser und sechs Schneidplatten zur Verfügung.

Die Nut und die Seitenflächen werden mit einem Eckfräser mit 30 mm Durchmesser und drei Schneidplatten bearbeitet.

Gebohrt wird mit einem Bohrer aus Vollhartmetall.

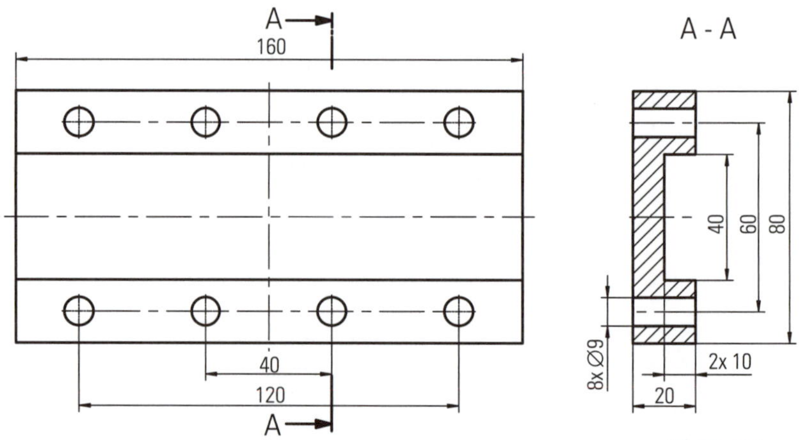

1. Berechnen Sie die *Hauptnutzungszeit* t_h für das Fräsen der Grund und Deckfläche, wenn die Schnittgeschwindigkeit 250 m/min, der Vorschub pro Zahn 0,15 mm, die Schnitttiefe 2,5 mm und An- und Überlauf je 3 mm betragen.

2. Berechnen Sie die *Hauptnutzungszeit* t_h, die der Eckfräser im Einsatz ist. Die Schnittgeschwindigkeit beträgt 220 m/min, der Vorschub pro Zahn 0,12 mm, die maximale Schnitttiefe 5 mm und An- und Überlauf je 2 mm.

3. Welche Hauptnutzungszeit t_h wird für das Bohren benötigt, wenn eine Umdrehungsfrequenz von 2500/min und ein Vorschub von 0,15 mm bei einem An- und Überlauf von 2 mm gewählt werden?

4. Wie groß ist die Hauptnutzungszeit t_h für das Bearbeiten des Profils?

Name:	Klasse:	Datum:

Prüfen von Bauteilen

1. Unterscheiden Sie, wer bzw. wodurch die Zeitpunkte zum Prüfen und Prüfmittel in der *Einzelfertigung* und in der *Serienfertigung* festgelegt werden.

2. Begründen Sie, warum Zwischenprüfungen erfolgen, anstatt nur eine Endprüfung durchzuführen.

Merke

Je früher festgestellt wird, dass ein Werkstück Ausschuss ist, desto ______________ sind die Kosten für die Fehlerkorrektur.

3. Vergleichen Sie eine 100%-Prüfung und mit einer Stichprobenprüfung und geben Sie Beispiele für beide an.

4. In der Messtechnik soll die „Eins-zu-Zehn"-Regel angewandt werden.

a) Was wird unter dieser Regel verstanden?

b) Welche Konsequenzen ergeben sich aus dieser Regel beim Messen des Maßes Ø50g6 und welches Messwerkzeug ist geeignet?

Name:	Klasse:	Datum:

Prüfen von Längen

Bei der Antriebswelle soll das Prüfen des Durchmessers 30k6 mit einem Feinzeiger erfolgen. Zwei gleiche Prismen der Messvorrichtung nehmen die Antriebswelle mit den beiden Durchmessern 30k6 auf. Mit einem Feinzeiger lassen sich beide Durchmesser der Antriebswelle prüfen, wenn die Welle so gedreht wird, dass der Feinzeiger in der gleichen Position den anderen Durchmesser erfasst.

Ihre Aufgabe ist es, den Feinzeiger so zu positionieren, dass die beiden Toleranzmarken das Höchst- bzw. Mindestmaß markieren und der Zeiger auf Null steht, wenn das Istmaß die Toleranzmitte besitzt.

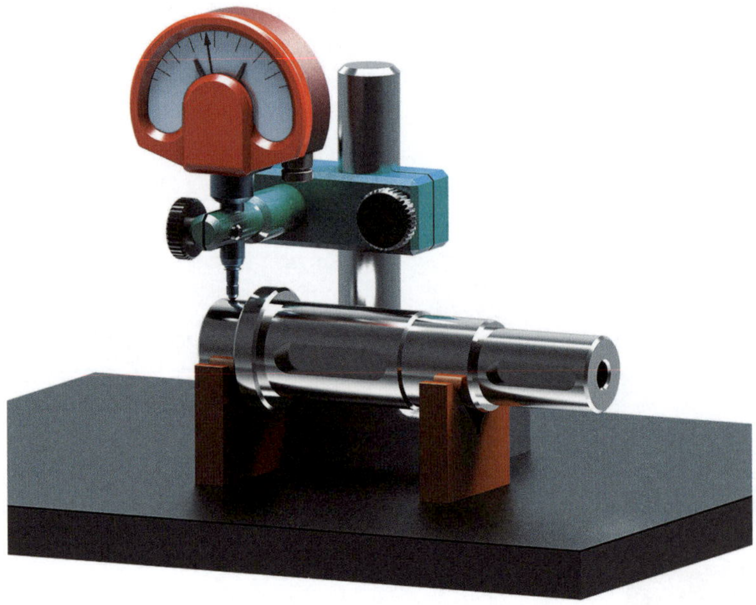

1. Beschreiben Sie das Positionieren des Feinzeigers.

2. Erläutern Sie das Justieren des Feinzeigers.

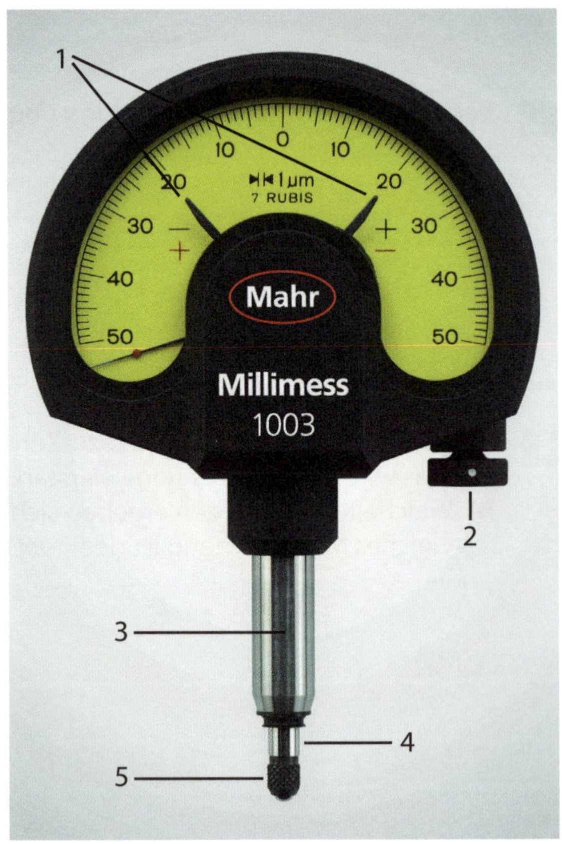

1 einstellbare Toleranzmarken
2 fixierbare Feineinstellung
3 Einspannschaft
4 Messbolzen
5 Messeinsatz

Name:	Klasse:	Datum:

Prüfen von Gewinden

1. Welche Gewindegrößen lassen sich mit einer Gewindeschablone erfassen?

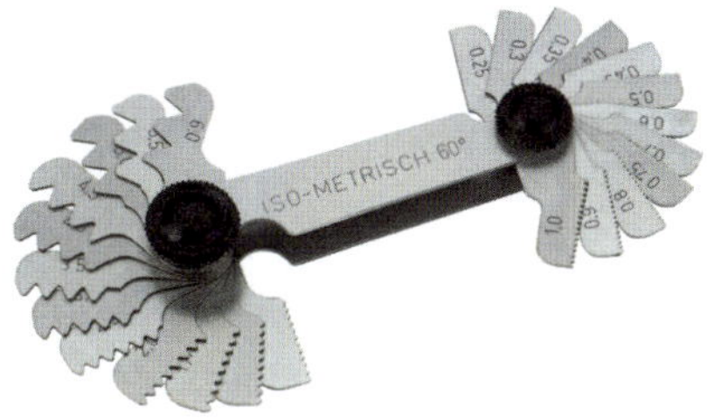

2. Was kann nicht mit der Gewindeschablone geprüft werden?

3. Welche Gewindeeigenschaft wird mit Gewindelehrdornen bzw. Gewindelehrringen überprüft?

4. Wie wird ein hergestelltes Außengewinde mit einem Gewindelehrring geprüft?

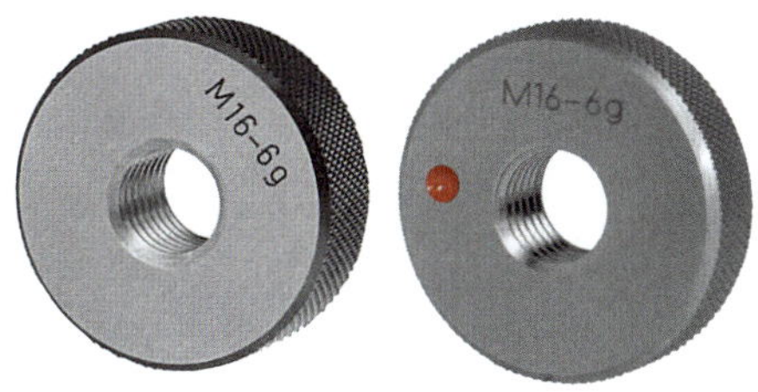

5. Welche Vorteile hat eine Gewindegrenzrachenlehre und wie wird sie eingesetzt?

6. Nennen Sie zwei Methoden, um den Flankendurchmesser des Gewindes zu bestimmen.

Name:	Klasse:	Datum:

Prüfen mit dem Sinuslineal

Von dem dargestellten Keilschieber sollen Sie den tolerierten Winkel mithilfe des Sinuslineals überprüfen.

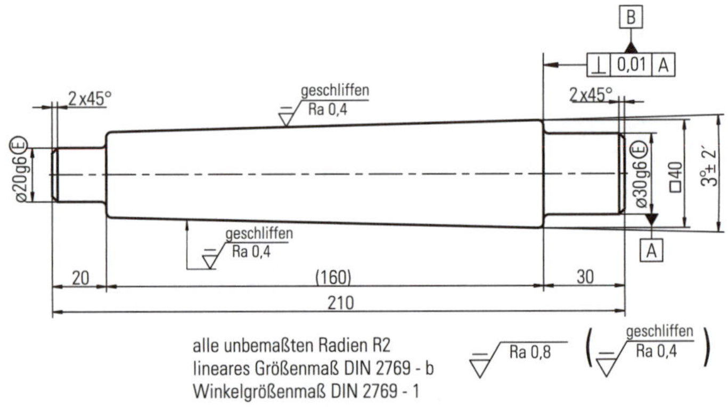

1. Nennen Sie die Geräte, die Sie zum Überprüfen des tolerierten Winkels benötigen.

2. Skizzieren Sie den Aufbau zum Prüfen des tolerierten Winkels.

3. Bestimmen Sie die Gesamthöhe der Endmaße, die unterlegt werden müssen, um den Winkel von 3°±2′ mit einem Sinuslineal von 200 mm zu überprüfen.

4. Welche Differenz darf die Messuhr maximal anzeigen, damit der Winkel innerhalb der Toleranz liegt?

Name:	Klasse:	Datum:

Prüfen von Oberflächen

1. Interpretieren Sie die nebenstehende Grafik.

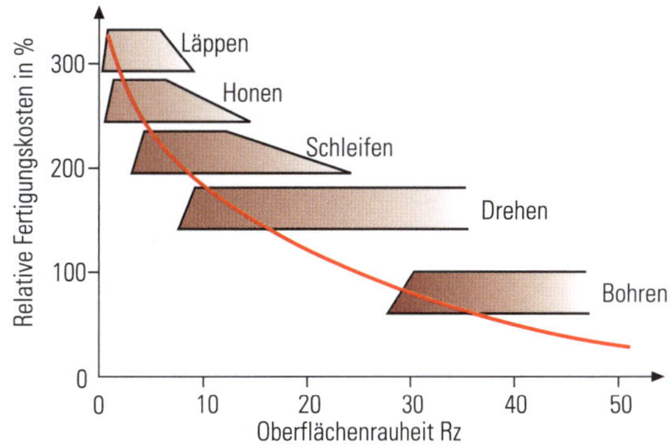

2. Tragen Sie in das folgende Rauheitsprofil die maximale Rautiefe Rt, die mittlere Linie und die Glättungstiefe Rp durch Abschätzen ein.

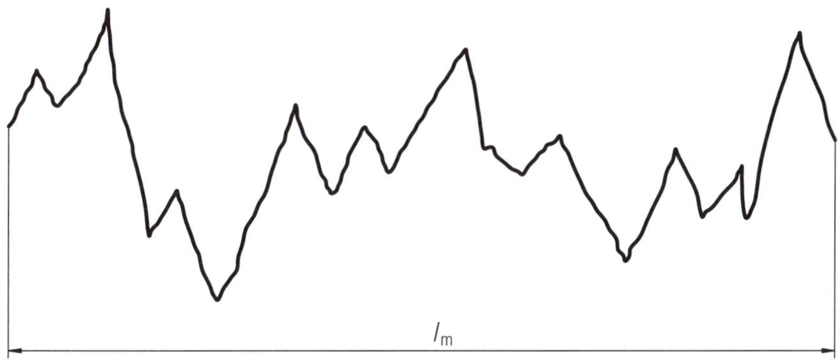

3. In der Einzelteilzeichnung ist eine Oberfläche mit $\sqrt{\text{Rz 6}}$ an gegeben. Was sagt das Symbol und die Beschriftung aus?

4. Bestimmen Sie bei dem dargestellten Rauheitsprofil Rt und Rz.

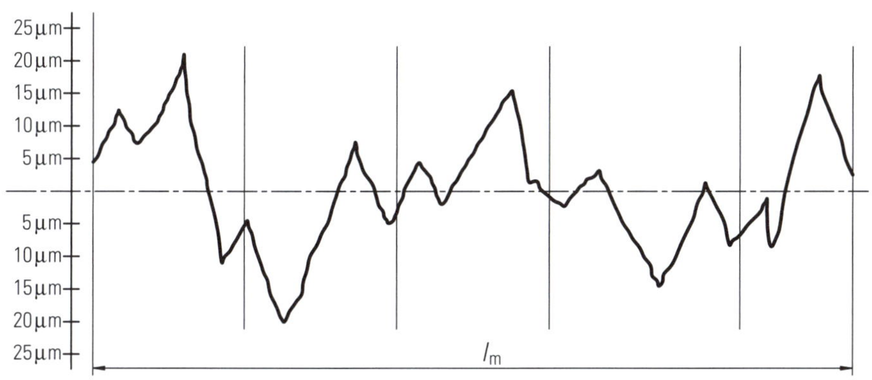

Rt =

Rz_1 =

Rz_2 =

Rz_3 =

Rz_4 =

Rz_5 =

Name:	Klasse:	Datum:

5. Eine Werkstückoberfläche ist mit (Oberflächensymbol: Ra 0,8) gekennzeichnet. Beschreiben Sie, wie die Fläche herzustellen ist und welche Anforderungen an sie gestellt werden.

6. Durch Längsrunddrehen soll eine Oberfläche mit Rz 16 erreicht werden. Schätzen Sie mithilfe des Tabellenbuchs den Ra-Wert für diese Fläche ab und geben Sie das Verhältnis vom Rz zu Ra an.

7. Nennen Sie zwei Verfahren zur subjektiven Prüfung von Oberflächen.

8. Welchen wesentlichen Vorteil hat das Lichtschnittverfahren gegenüber dem Tastschrittverfahren?

9. Beschreiben Sie stichpunktartig das Tastschrittverfahren.

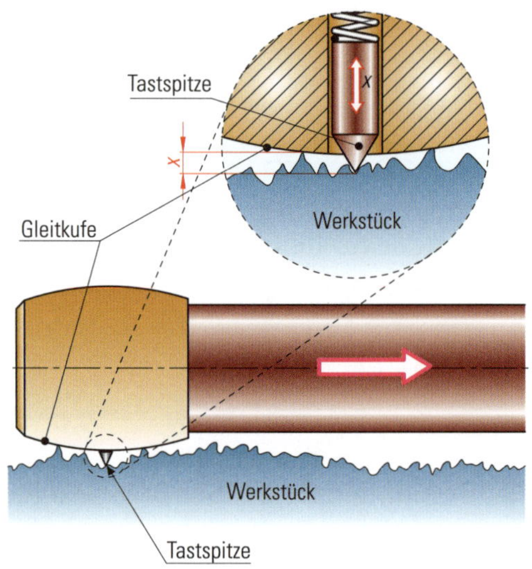

Auf einer Teilzeichnung ist das nebenstehendes Wellenende bemaßt.

10. Begründen Sie, ob die beiden Angaben bezüglich der Durchmessertoleranz und Oberflächenqualität aufeinander abgestimmt sind.

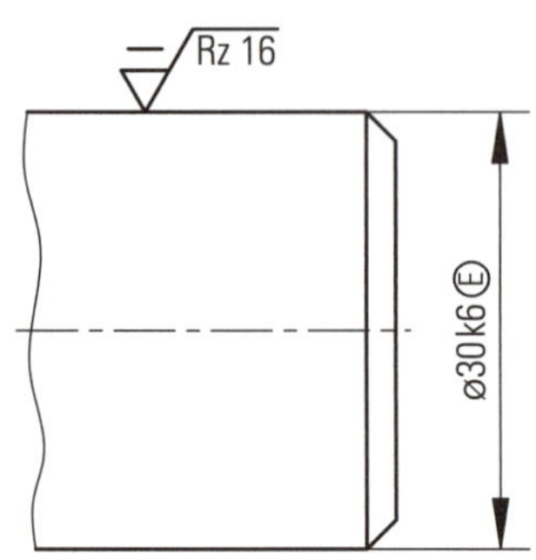

11. Welche Rz- bzw. Ra-Werte halten Sie für sinnvoll?

Name:	Klasse:	Datum:

Prüfen von Form- und Lagetoleranzen

Im nebenstehenden Bild ist ein Prüfgerät mit Touchscreen zum Feststellen von Form- und Lagetoleranzen dargestellt. Weiterhin sind die Symbole für die Form- und Lagetoleranzen aufgeführt, die sich mit dem Prüfgerät ermitteln lassen.

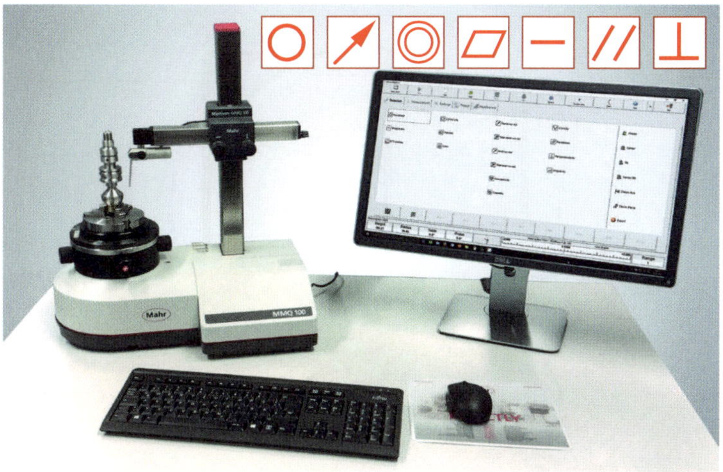

1. Welche Form- und Lagetoleranzen lassen sich mit dem Gerät feststellen?

2. Beschreiben Sie den Unterschied von Form- und Lagetoleranzen.

3. Ordnen Sie die in Aufgabe 1 aufgeführten Toleranzen den Form- bzw. Lagetoleranzen zu.

Formtoleranzen:

Lagetoleranzen:

4. Bei den Lagetoleranzen werden drei Untergruppen unterschieden. Geben Sie zu jeder Untergruppe ein bis zwei Beispiele, die bislang noch nicht aufgeführt wurden, mit den entsprechenden Symbolen an:

Richtungstoleranzen:

Lauftoleranzen:

Ortstoleranzen:

5. Skizzieren Sie in die nebenstehende Darstellung, dass die Achse des Zylinders mit Ø20k6 sich innerhalb eines Zylinders von Ø0,02 mm befindet, dessen Achse mit der des Zylinders mit Ø30k6 identisch ist.

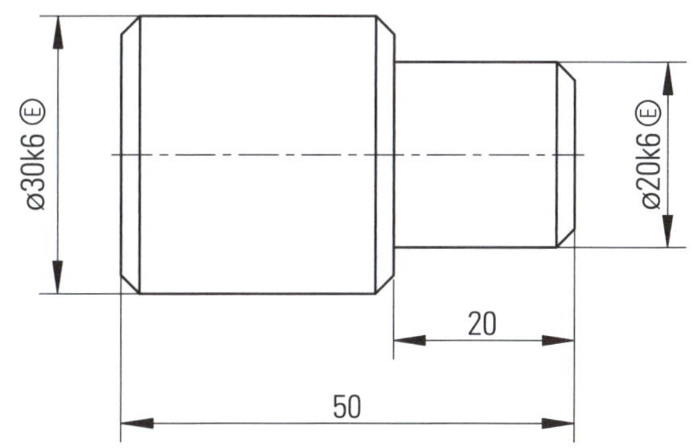

unbemaßte Fasen 2x45°

Name:	Klasse:	Datum:

Im unteren Bild werden Lagetoleranzen der oben dargestellten Ritzelwelle geprüft.

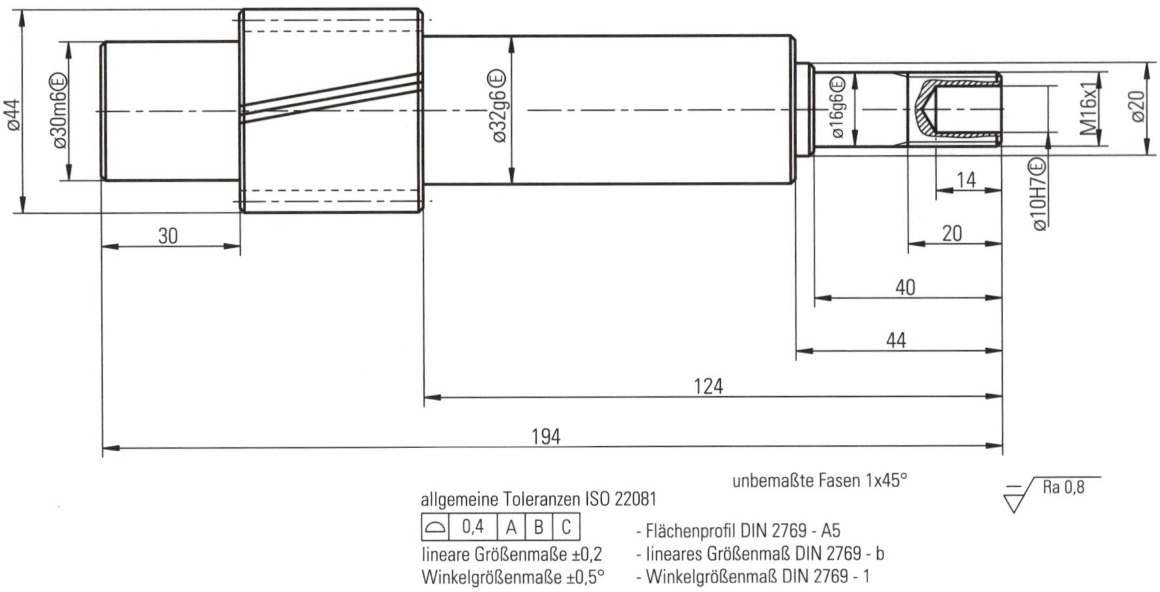

6. Welche Geometrieelemente werden geprüft?

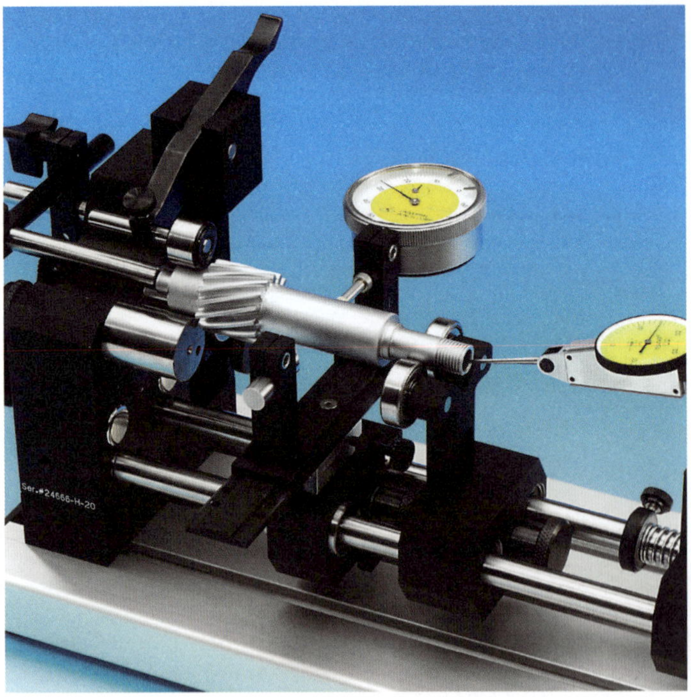

7. Welche Lagetoleranzen werden festgestellt?

8. Welches sind die Bezugselemente für die Prüfung der Lauftoleranzen?

9. Wie werden die Bezugselemente in der Prüfvorrichtung erfasst?

10. Tragen Sie in die obere Zeichnung die Bezugselemente und die Lagetoleranzen ein.

Name:	Klasse:	Datum:

Stahlsorten

1. Ergänzen Sie auch mithilfe des Tabellenbuchs die folgende Tabelle.

Stahlsorte	C-Gehalt	Beispiel	Verwendung
Unlegierte Baustähle	meist < 0,2 %	S235JR	Schweißkonstruktionen
Einsatzstähle			
Nitrierstähle			
Vergütungsstähle			
Automatenstähle			
Unlegierte Kaltarbeitsstähle			
Legierte Kaltarbeitsstähle			
Warmarbeitsstahl			
Schnellarbeitsstahl			
Nichtrostende Stähle			

2. Beschreiben Sie, was unter Stahlguss verstanden wird, und geben Sie beispielhaft eine normgerechte Bezeichnung dafür an.

3. Vergleichen Sie Gusseisen mit Lamellengrafit mit Gusseisen mit Kugelgrafit hinsichtlich der aufgeführten Kriterien.

Kriterium	Gusseisen mit Lamellengrafit	Gusseisen mit Kugelgrafit
Bruchdehnung		
Zugfestigkeit		
Wärmebehandlung		
Schwingungsdämpfung		

Name:	Klasse:	Datum:

Eisen-Kohlenstoff-Diagramm

1. Wenn ein unlegierter Stahl von der Schmelze bis zur Raumtemperatur abkühlt, liegen unterschiedliche Gitterformen vor. Tragen Sie in die Tabelle die Eigenschaften der Gitterformen ein.

Ferrit	Zementit	Austenit
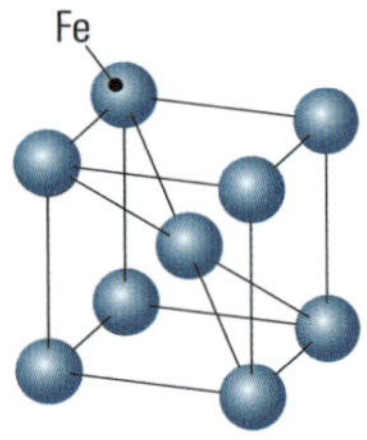	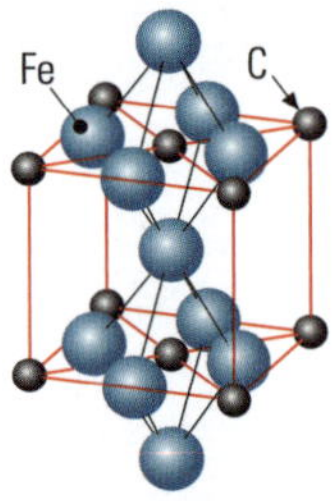	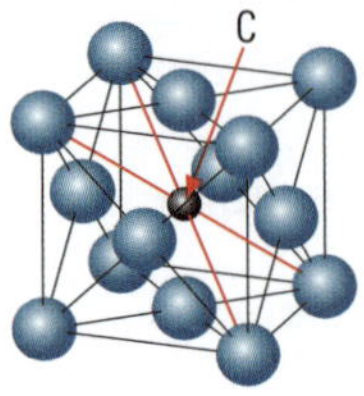

2. Beschreiben Sie, woraus Perlit besteht und wie es aufgebaut ist.

3. Bestimmen Sie für die folgenden Angaben, aus welchen Bestandteilen die Stahlgefüge aufgebaut sind.

a) 0,3 % C bei 20 °C:

b) 0,8 % C bei 20 °C:

c) 0,8 % C bei 800 °C:

d) 1,2 % C bei 600 °C:

e) 1,2 % C bei 850 °C:

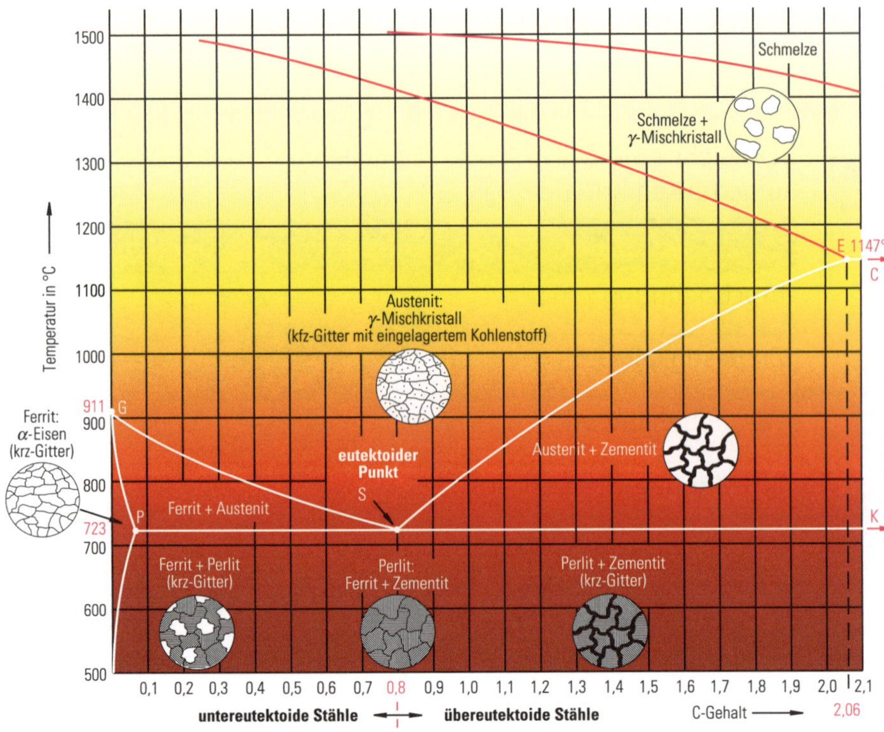

Name:	Klasse:	Datum:

Glühverfahren

Merke

Glühen bedeutet ______________ auf Glühtemperatur, eine Zeit lang ______________ auf dieser Temperatur und nachfolgend langsames ______________.

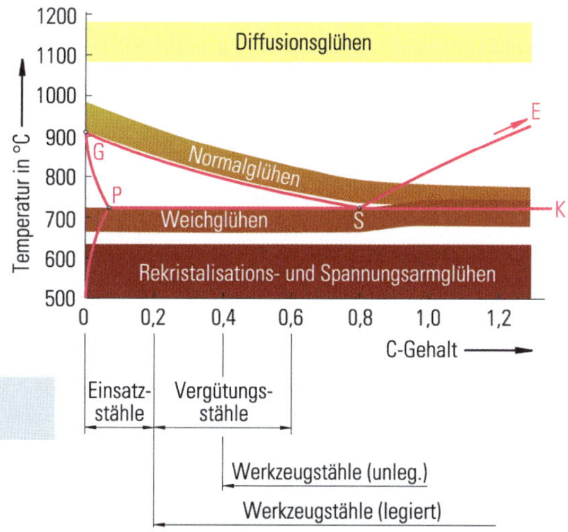

1. Wodurch unterscheiden sich die Glühverfahren?

2. Füllen Sie die folgende Tabelle aus.

Glühverfahren	Zustand vor dem Glühen	Zustand nach dem Glühen	Glühtemperatur
Normalglühen			
Weichglühen			
Rekristallisationsglühen			
Spannungsarmglühen			
Diffusionsglühen			

Name:	Klasse:	Datum:

Härten und Anlassen

Merke

Beim Härten wird Stahl langsam und gleichmäßig auf eine Temperatur ____________ der G-S-K-Linie erwärmt, eine Zeit lang auf dieser Temperatur ____________ und nachfolgend ____________ abgekühlt.

1. Welche Gitterstruktur hat das Eisen oberhalb der G-S-K-Linie, in welcher Form liegt der dabei der Kohlenstoff vor und wie wird das Gefüge genannt?

2. Was geschieht beim Abschrecken innerhalb des Gefüges und wie wird das Härtegefüge bezeichnet?

Merke

Beim Anlassen wird der Stahl auf eine Temperatur zwischen ____________ erwärmt, eine Zeitlang auf dieser Temperatur ____________ und dann ____________ abgekühlt.

3. Beschreiben Sie, wie sich vier Eigenschaften des gehärteten Stahls durch Anlassen verändern.

Vergüten

Merke

Vergüten ist Härten mit Anlassen bei ____________ Temperaturen zwischen ____________.

4. Welche Eigenschaften soll ein Stahl durch Vergüten erhalten?

Oberflächenhärten

5. Welche Ziele werden mit dem Oberflächenhärten angestrebt?

6. Nennen Sie vier Verfahren zum Oberflächenhärten.

Name:	Klasse:	Datum:

Führungs- und Haltegliedsteuerung

1. Erklären Sie den grundlegenden Unterschied zwischen einer Halteglied- bzw. Führungssteuerung und einer Ablaufsteuerung.

2. Erläutern Sie den Begriff der kombinatorischen Verknüpfungssteuerung.

3. Nennen Sie zwei Bauteile in pneumatischen Steuerungen, mit denen sich solche kombinatorischen Verknüpfungssteuerungen umsetzen lassen. Ergänzen Sie die dazugehörigen Symbole und Funktionstabellen.

Pneumatische Komponente	Symbol	Funktionstabelle		
		E1	E2	A
		E1	E2	A

4. Nennen Sie zwei Beispiele, bei denen die Ventile aus Aufgabe 3 zum Einsatz kommen können.

Name:	Klasse:	Datum:

Zeitgeführte Ablaufsteuerung

1. **a)** Welche Baugruppe in einer pneumatischen Steuerung dient dazu, den Ablauf der Steuerung mithilfe der Zeit zu steuern? Stellen Sie das zugehörige Symbol dar und benennen Sie die drei Einzelkomponenten der Baugruppe.

Benennung der Baugruppe	Symbol der Baugruppe	Einzelkomponenten der Baugruppe
in Ruhestellung gesperrt		

b) Kreuzen Sie die Größe an, die durch die Baugruppe unter a) bei der Einstellung der gewünschten Zeit beeinflusst wird.

☐ Druck ☐ Volumenstrom ☐ Fließgeschwindigkeit

c) Erläutern Sie anhand des Schnittbilds der Baugruppe die Funktion dieses Ventils.

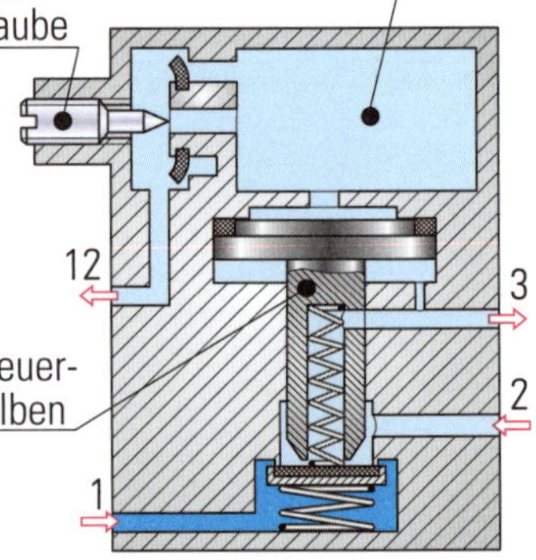

d) Erfolgt die Einstellung der Zeit an einem solchen Ventil vor oder nach der Montage der Baugruppe in einer pneumatischen Steuerung? Begründen Sie ihre Antwort.

Name:	Klasse:	Datum:

Prozessabhängige Ablaufsteuerung

1. Warum reagieren prozessabhängige Ablaufsteuerungen bei Störungen im Ablauf der Steuerkette mit einem Abbruch des Ablaufs?

2. Bei prozessgeführten pneumatischen Ablaufsteuerungen werden als Stellglieder vorwiegend 5/2-Impulswegeventile verwendet. Erläutern Sie diesen Begriff.

3. Beschreiben Sie die abgebildeten Wegeventile.

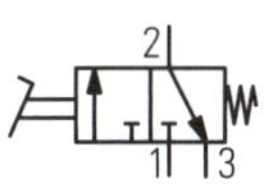	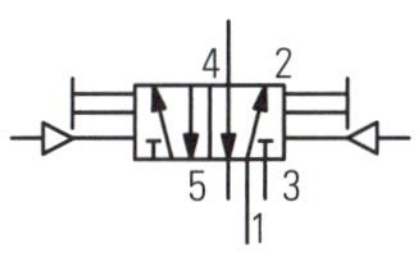	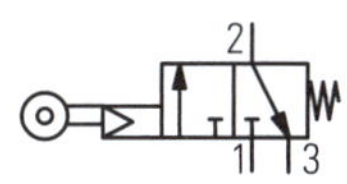

Merke

Mit zeitgeführten und prozessgeführten Ablaufsteuerungen und deren Mischformen können selbstständig ablaufende Arbeitszyklen realisiert werden. Der schrittweise Ablauf, bei dem der Übergang von einem Schritt auf den folgenden erfolgt, hängt von den Übergangsbedingungen ab. Die Signale für die Übergangsbedingungen werden entweder durch den Bediener oder die Anlage selbst generiert. Der Bediener nimmt bei Ablaufsteuerungen im Vergleich zu Führungs- und Haltegliedsteuerungen nur noch bedingt Einfluss auf die Zustandsänderungen der Aktoren.

Name:	Klasse:	Datum:

4. Die Abbildungen zeigen eine Vorrichtung zum Anfasen von Holzklötzen.

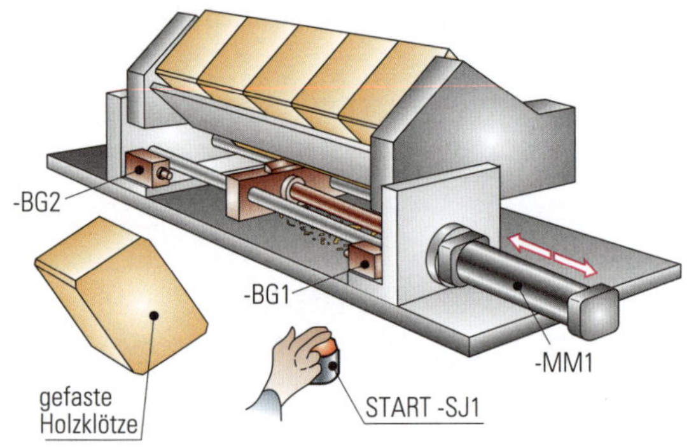

Technologieschema Anfasvorrichtung

a) Der Zylinder soll nur ausfahren, wenn der Mitarbeiter den Startknopf -SJ1 betätigt und der Zylinder -MM1 eingefahren ist. Ergänzen Sie den Pneumatikplan entsprechend.

b) Ist die Steuerung der Anfasvorrichtung prozess- oder zeitgeführt? Begründen Sie Ihre Antwort.

c) Beim Anfasen verkantet ein Holzklotz und der Zylinder bleibt auf halber Strecke des Hubs stehen. Welche Konsequenz hat dies für den weiteren Ablauf der Steuerung?

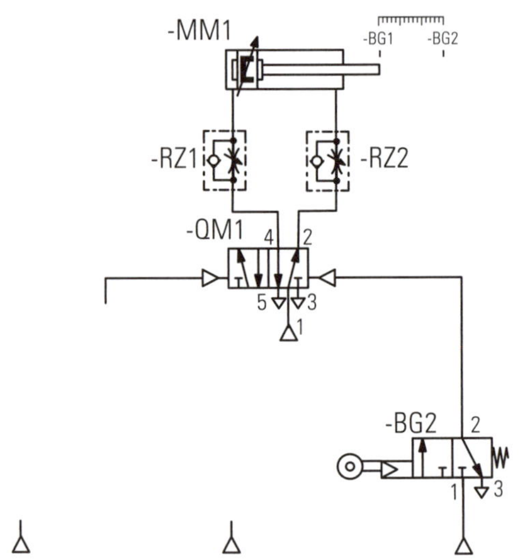

Pneumatikplan Anfasen von Holzklötzen

Name:	Klasse:	Datum:

Planung und Dokumentation pneumatischer Steuerungen

1. Bei Ablaufsteuerungen handelt es sich meist um komplexere Steuerungen mit zwei und mehr Arbeitsgliedern. Aus diesem Grund braucht die Fachkraft zur besseren Analyse einer Planungsaufgabe geeignete Darstellungsformen. Nennen Sie die drei Schritte, die bei der systematischen Vorgehensweise einer Planungsaufgabe berücksichtigt werden müssen und führen Sie die dabei zu erstellenden Dokumente auf.

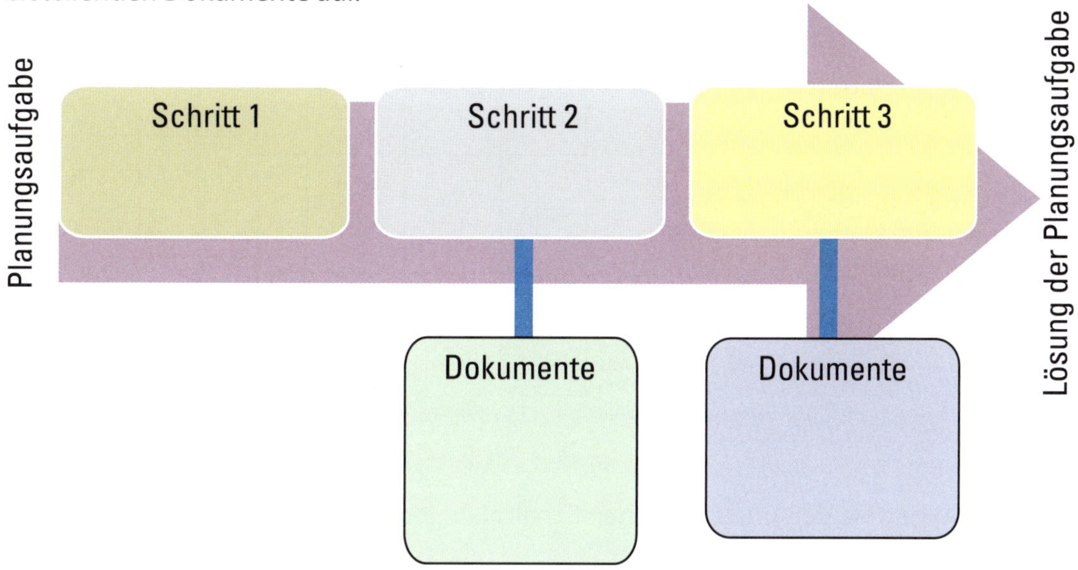

Merke

Nicht nur bei Planungsaufgaben sind die erstellten Dokumente, wie ______________, ______________, ______________, ______________ und ______________ sehr nützlich, sondern auch bei ______________ und der Suche und der Beseitigung von ______________.

2. **a)** Eine Tampondruckmaschine bedruckt Kunststoffteile, die von Hand in das Magazin der Maschine eingelegt werden. Vervollständigen Sie die Funktionsbeschreibung mithilfe des Lageplans.

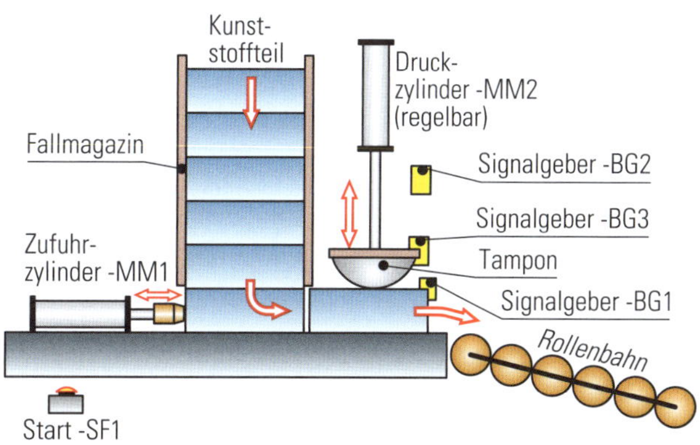

Der Bediener löst den Startvorgang mit dem Tastschalter ______ aus. Ein doppelt wirkender Zufuhrzylinder ______ schiebt ein Kunststoffteil in Stempelposition unter den Druckzylinder nachdem das zugehörige Stellglied –QM1 umgeschaltet hat. Der Signalgeber ______ fragt ab, ob sich ein Kunststoffteil in Arbeitsposition befindet. Daraufhin bedruckt ein weiterer doppelt wirkender Zylinder ______ (Stellglied –QM2) mit dem Farbtampon das Kunststoffteil. ______ betätigt in seiner vorderen Endlage den Endlagenschalter ______. Anschließend fahren beide Zylinder ______ und ______ zeitgleich wieder ein. Ein neuer Arbeitszyklus kann beginnen.

Name:	Klasse:	Datum:

b) Vervollständigen Sie das Weg-Schritt-Diagramm für die beiden Zylinder -MM1 und -MM2.

c) Die Darstellung von Funktionsabläufen mithilfe von Weg-Schritt, Weg-Zeit- und Zustandsdiagrammen ist sehr anschaulich, aber nicht mehr genormt.

Die Darstellung ist durch ______ (DIN EN 60848) ersetzt worden.

d) Vervollständigen Sie die Bezeichnungen der drei Elemente in einem Funktionsdiagramm.

① ______

② ______

③ ______

Kennzeichnung	Benennung	Funktion	Zustand	Weg-Schritt-Diagramm
-QM1	5/2-Wegeventil	Stellglied steuert Zylinder -MM1	a b	
-MM1	Zylinder	Vereinzeln	1 0	
-QM2	5/2-Wegeventil	Stellglied steuert Zylinder -MM2	a b	
-MM2	Zylinder	Stempeln	1 0	

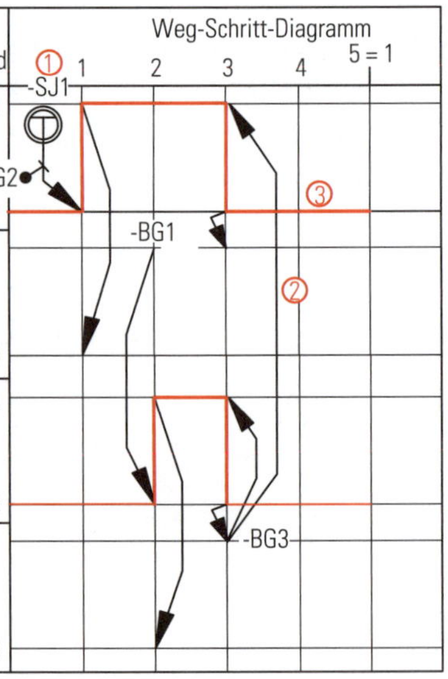

e) Vervollständigen Sie den pneumatischen Schaltplan der Tampondruckmaschine.

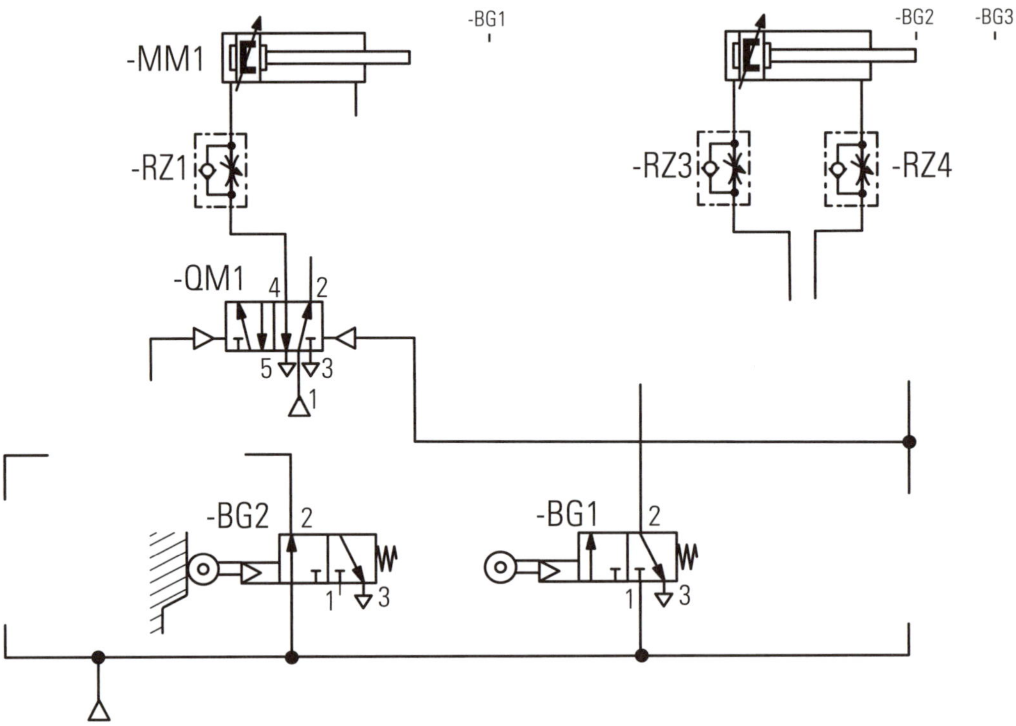

f) An welchem der beiden Stellglieder kann es zu einer Signalüberschneidung kommen?

______

Name:	Klasse:	Datum:

Betriebsarten und Stopp-Funktionen

1. Die Schaltung der Tampondruckmaschine (siehe Seite 42) soll um die Wahlmöglichkeit der Betriebsarten *Einzelbetrieb* und *Dauerbetrieb* ergänzt werden. Beschreiben Sie, welche Bauteile dazu an welcher Stelle ergänzt werden müssten und zeichnen Sie diese in den Ausschnitt des Pneumatikplans ein.

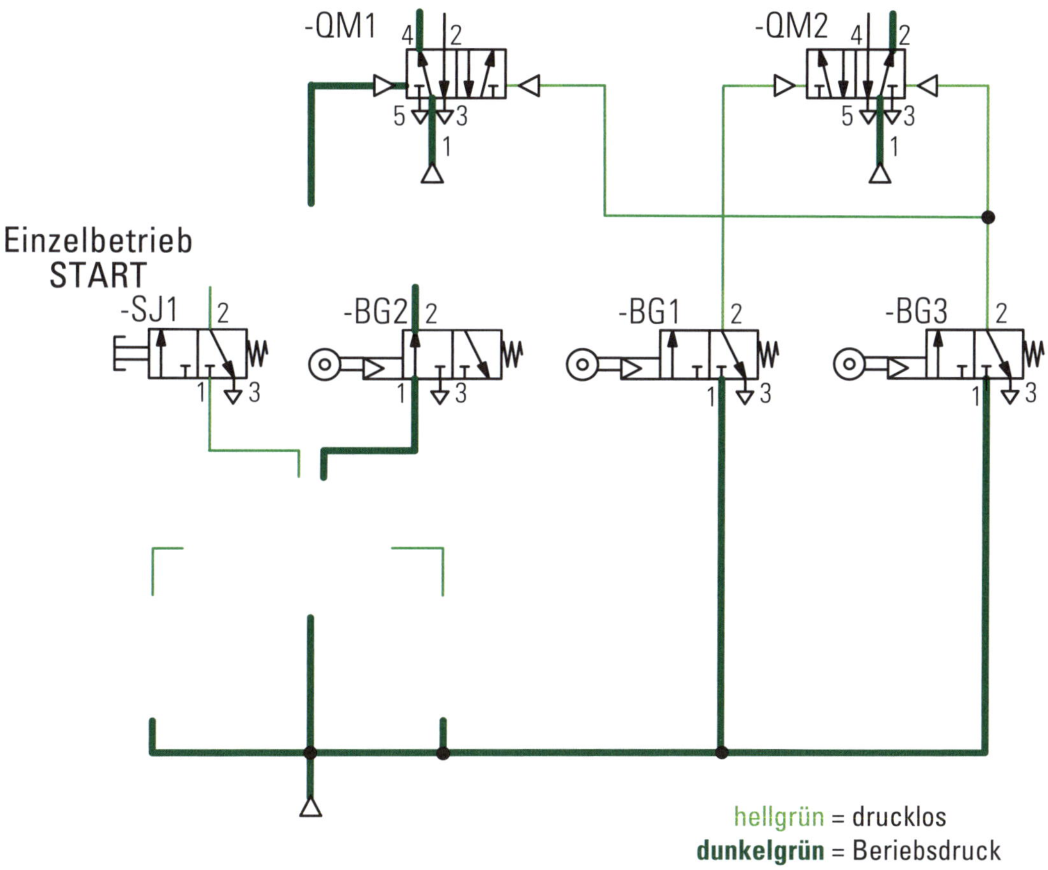

2. Welche Stopp-Funktionen zum Schutz von Personen und der Anlage sind in pneumatischen Steuerungen üblich? Benennen und erläutern Sie diese.

Name:	Klasse:	Datum:

Merke

Das Stillsetzen einer Anlage im Notfall muss durch eine Stopp-Funktion der Kategorie 0 oder 1 erfolgen und wird mit einem NOT-AUS unmittelbar nach der Energieversorgung realisiert.

3. Begründen Sie, warum es in den übrigen Fällen sinnvoll ist, die Stopp-Funktion durch die die Varianten der Kategorie 1 und 2 anstatt durch Kategorie 0 zu realisieren.

4. Mit welchen Farben sind NOT-AUS-Befehls-Einrichtungen gekennzeichnet und wie kann deren Betätigung realisiert werden?

5. Erklären Sie, wie sich oftmals eine Stopp-Funktion (nicht Not-Aus-Funktion) der Kategorie 2 in einer pneumatischen Steuerung realisieren lässt.

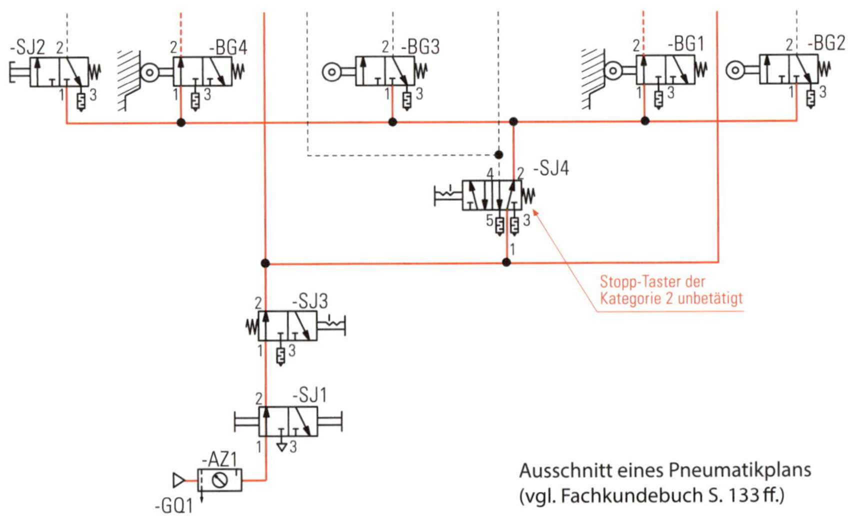

Ausschnitt eines Pneumatikplans (vgl. Fachkundebuch S. 133 ff.)

Name:	Klasse:	Datum:

Signalüberschneidung / Signalabschaltung

1. Bei Verwendung von pneumatisch betätigten Impulsventilen als Stellglieder für doppelt wirkende Zylinder besteht häufig die Gefahr der *Signalüberschneidung*. Erläutern Sie diesen Begriff.

Merke

Eine Signalüberschneidung führt in einer Ablaufsteuerung dazu, dass diese bei diesem Schritt zum Stehen kommt. Der Ablauf der Schrittkette wird unterbrochen und die Maschine erfüllt nicht mehr ihre Funktion.

2. Mit welcher grafischen Hilfe lassen sich Signalüberschneidungen bei Steuerungen bereits in der Planungsphase leichter entdecken und beheben?

3. Signalüberschneidungen können beispielsweise durch die Verwendung von Rolltastern mit Leerrückhub vermieden werden. Welchen Nachteil haben diese Rolltaster mit Leerhub und was muss bei der Montage dieser Endlagentaster beachtet werden?

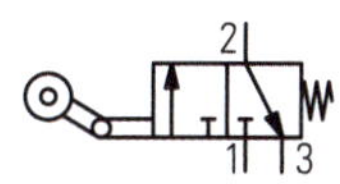

4. Skizzieren Sie, wie sich diese Rollentaster mit Leerhub und Rollentaster ohne Leerhub in Zustandsdiagrammen darstellen.

Endlagentaster	Zustand	Schritt 1	2	3	4
mit Rolle und Leerhub	1				
	0				
mit Rolle	1				
	0				

Name:	Klasse:	Datum:

5. Eine weitere Möglichkeit eine Signalüberschneidung zu vermeiden und eine Signalabschaltung zu realisieren, ist die Verwendung eines Verzögerungsventils (siehe Abbildung -KH1). Dieses Ventil wird auch als Signalverkürzer bezeichnet. Erläutern Sie die Funktion eines Verzögerungsventils als Signalverkürzer mit Bezug auf die Abbildung.

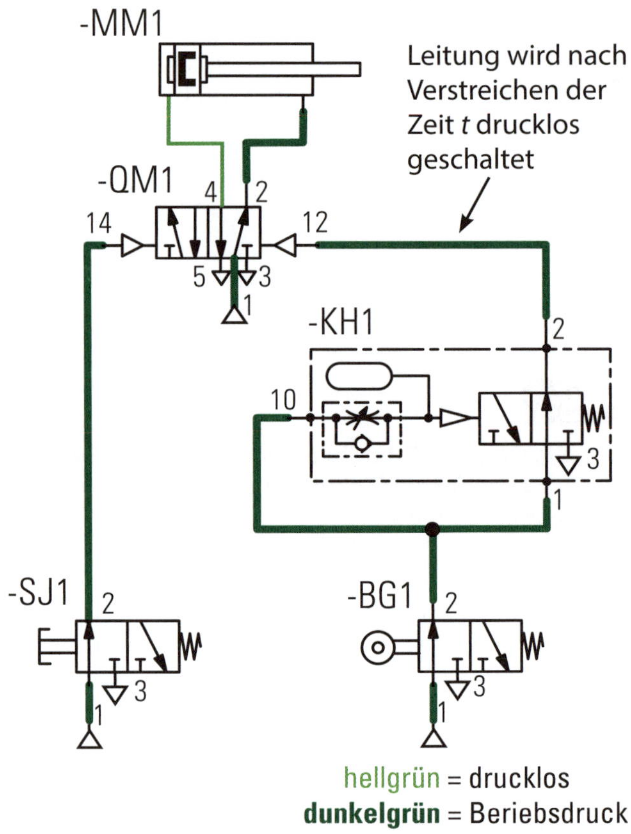

6. Eine dritte Möglichkeit zur Verhinderung von Signalüberschneidungen ist die Verwendung eines 5/2-Wegeventils als __________. Diese Art der Signalabschaltung verhindert eine Signalüberschneidung dadurch, dass die Signalglieder, die als __________ in einer prozessgeführten Ablaufsteuerung eingesetzt sind, paarweise __________ werden.

7. Beurteilen Sie, ob im vorliegenden Weg-Schritt-Diagramm in Schritt 3 eine Signalüberschneidung vorliegt.

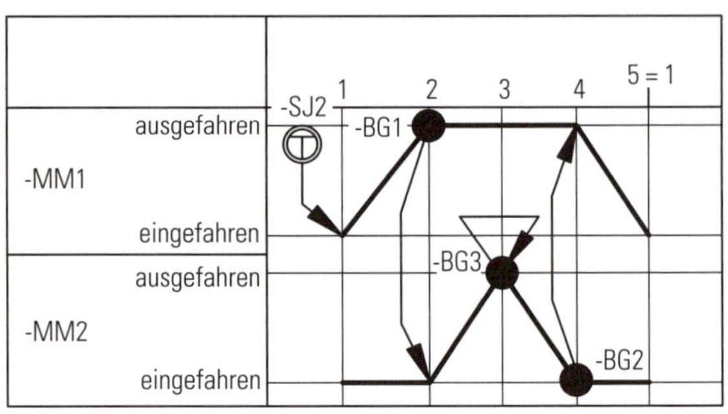

Name:	Klasse:	Datum:

Druckluftleitungen

1. Welche Aussagen über Druckluftleitungen sind richtig? Kreuzen Sie an bzw. ergänzen Sie.

- Druckluftleitungen sind farblich gekennzeichnet. Die Farbe ist ☐ blau ☐ gelb ☐ grau
- Der Druckabfall von mehr als ☐ 0,1 bar ☐ 0,2 bar ☐ 0,3 bar in Druckluftleitungen beeinträchtigt die Wirtschaftlichkeit einer Anlage erheblich.
- Um eine spätere Erweiterung des Rohrsystems zu gewährleisten, sollten die Druckluftleitungen möglichst ☐ kurz ☐ gerade ☐ rechtwinklig ☐ großzügig dimensioniert werden.
- Der Rohrdurchmesser von Druckluftleitungen hängt von folgenden Faktoren ab:

- Der lichte Durchmesser einer Druckluftleitung wird überschlägig mithilfe von Nomogrammen bestimmt. Dabei spielen folgende Größen eine entscheidende Rolle:

2. Bestimmen Sie für die gegebenen Größen die Gesamtlänge der Druckluftleitung mithilfe der Nomogramme. $\dot{V} = 900\ m^3/h$, $p_e = 8$ bar, $\Delta p_v = 0{,}1$ bar, drei T-Stücke, zwei Normalkrümmer, bauliche Rohrleitungslänge = 300 m

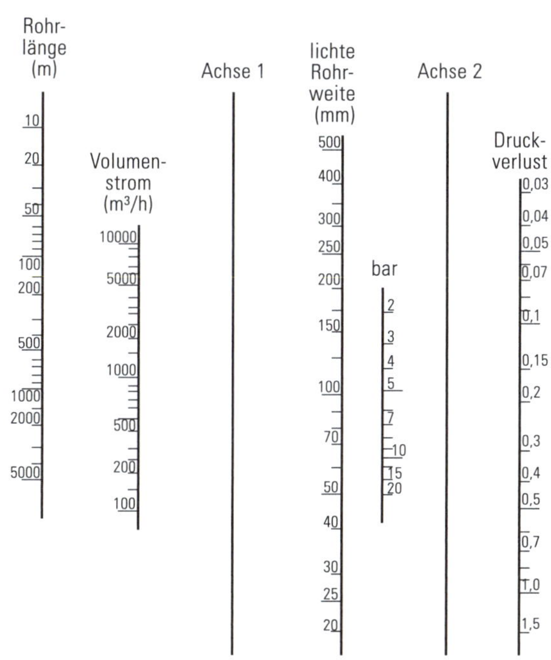

Nomogramm zur Bestimmung des Rohrdurchmessers

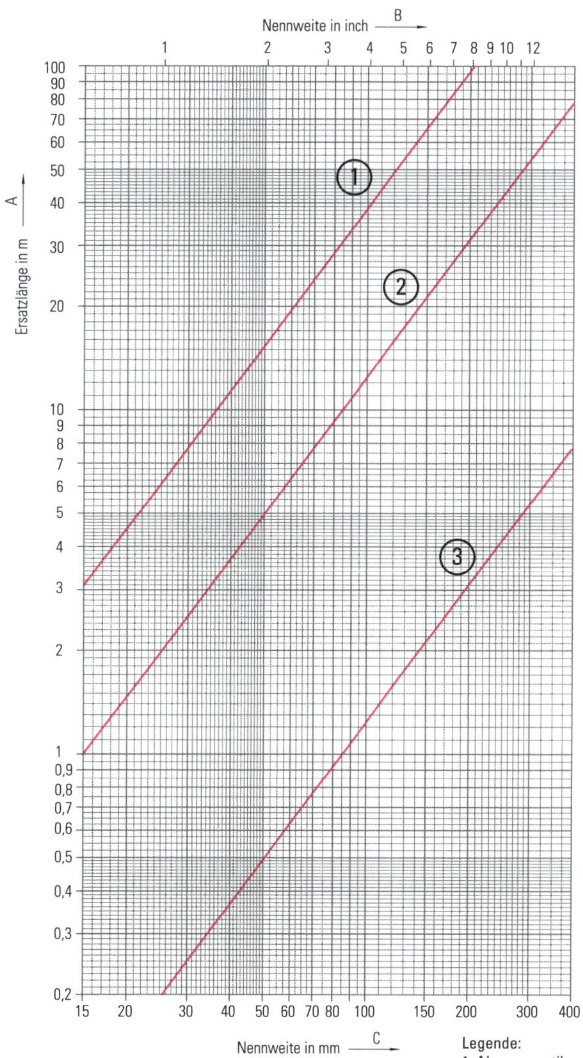

Legende:
1: Absperrventil
2: T-Stück
3: Normalkrümmer

Nomogramm zur Bestimmung der Ersatzlängen

Name:	Klasse:	Datum:

3. Erklären Sie, welches der Bilder die richtige Entnahmestelle für eine neu zu verlegende Stichleitung von der Drucklufthauptleitung unterhalb der Decke hinab zur Werkbank zeigt.

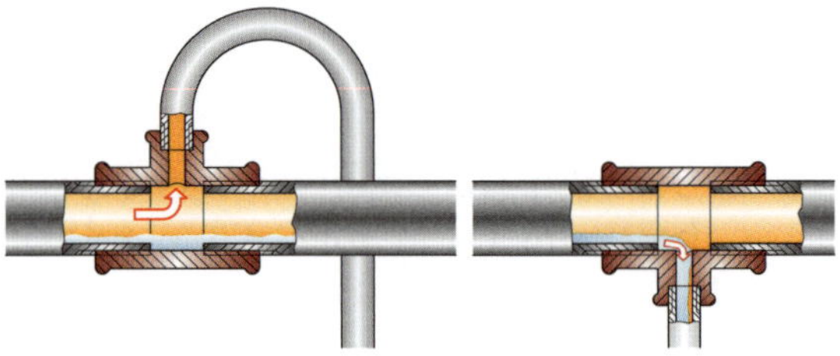

4. Warum werden Druckluftleitungen mit einem Gefälle von 1 – 2 % in Strömungsrichtung verlegt?

5. Mit welchen Fügeverfahren werden die Rohleitungen in einem Druckluftnetz üblicherweise verbunden?

6. Welche Dokumente werden nach der Installation und fehlerfreien Testläufen bei der Inbetriebnahme an den Kunden übergeben?

7. Unter welchen Umständen wird bei der Installation eines Rohrnetzes für eine Druckluftversorgung eine Ringleitung gewählt?

Name:	Klasse:	Datum:

Luftverbrauch

Merke

Die Wirtschaftlichkeit des Betriebs einer pneumatischen Steuerung wird hauptsächlich durch den Luftverbrauch $\dot{V}$ in l/min bestimmt.

1. Auf welche Art und Weise kann der Luftverbrauch einer pneumatischen Steuerung ermittelt werden?

2. Berechnen Sie zunächst überschlägig den täglichen Luftverbrauch (Arbeitstag mit 8 h) eines Pneumatikzylinders mit einer Hublänge $s = 40$ cm, einem Kolbendurchmesser $D = 50$ mm und einem Kolbenstangendurchmesser $d = 20$ mm bei 300 Hüben in der Stunde und einem Systemdruck von $p_e = 6$ bar.

3. Ermitteln Sie die Kosten für die Druckluft für einen Tag bei einem Preis von 0,21 €/m³.

4. Wie groß ist die Ersparnis in Prozent, wenn der Rückhub des Zylinders mit einem Systemdruck $p_{erück}$ = 3 bar und der Vorhub weiterhin mit $p_{evor} = 6$ bar erfolgt?

Name:	Klasse:	Datum:

Sensoren

1. Zu welchem Zweck werden in elektropneumatischen Steuerungen berührungslose Sensoren eingesetzt?

2. Berührungslose Sensoren haben gegenüber taktilen (berührenden) Sensoren folgende Vorteile:

3. Worin unterscheiden sich positiv schaltende und negativ schaltende Sensoren?

4. Worin unterscheiden sich plus schaltende und negativ schaltende Dreileitersensoren?

Merke

Sensoren müssen zwingend laut Herstellerangaben eingebaut und montiert werden. Dabei sind vor allem ein stabiler und lagerichtiger Einbau des Sensors, eventuelle Störgrößen (z. B. Fremdlichteinfall, metallische Abdeckungen, Fremdmagnetfelder, weitere Sensoren etc.) und die im Betrieb geltenden Bedingungen (Hitze, Kühlschmierstoff, Metallspäne etc.) zu berücksichtigen.

5. Wie erfolgt der Anschluss der drei Leitungen eines Dreileitersensors?

6. Nennen Sie die drei Varianten optoelektrischer Sensoren.

Name:	Klasse:	Datum:

7. Ergänzen Sie zu den abgebildeten Symbolen den Sensortyp und einen sinnvollen Verwendungszweck.

Symbol Sensor	Sensortyp	Verwendungszweck
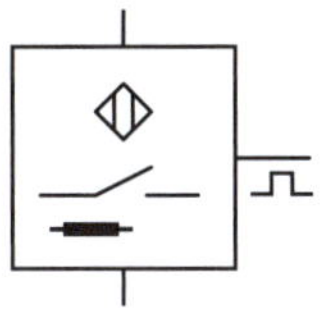		
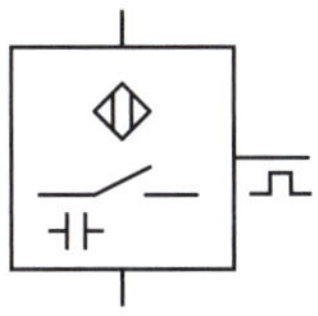		
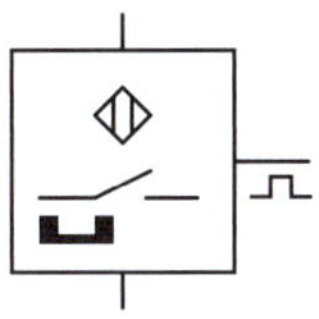		

8. Erläutern Sie mithilfe des Tabellenbuchs, wie der Arbeitsbereich s_a eines induktiven und kapazitiven Sensors bestimmt wird.

9. Nennen Sie vier Schritte in richtiger Reihenfolge, die bei der Inbetriebnahme von Steuerungen mit Sensoren berücksichtigt werden müssen.

Name:	Klasse:	Datum:

Wegeventile

1. Bezeichnen Sie die wesentlichen Bauteile der beiden elektrisch betätigten 5/2-Wegeventile. Fügen Sie anschließend das entsprechende Symbol und die Benennung hinzu.

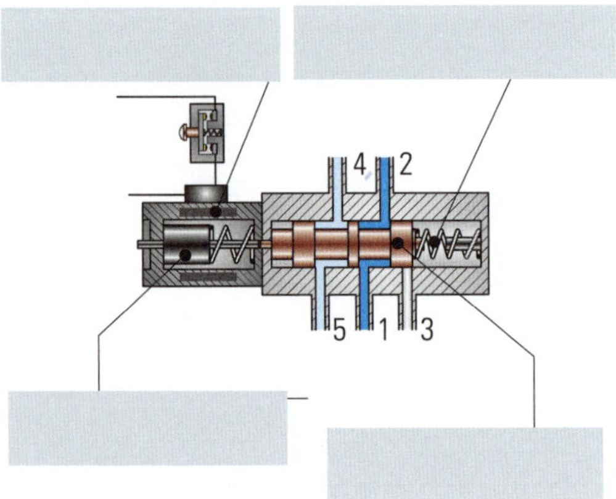

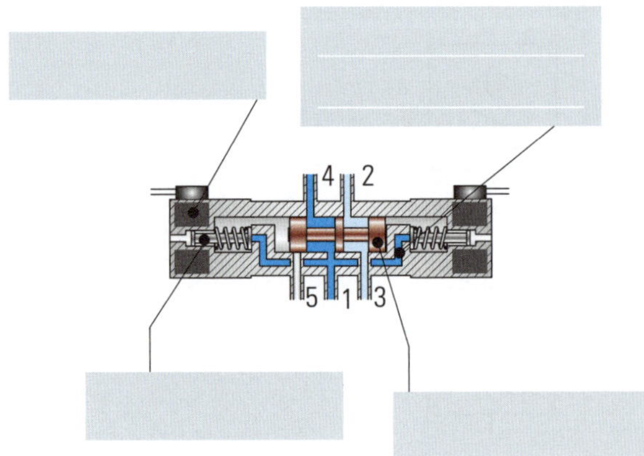

Symbol und Bennennung:

2. Welchen Zweck haben die Handhilfsbetätigungen an elektropneumatischen Wegeventilen?

Merke

Elektropneumatisch betätigte Magnetventile werden in Steuerungen oft mit 24 Volt betrieben. Es gibt jedoch auch Ausführungen für 6V und 12 V Gleichspannung. Beim Auswechseln solcher Ventile ist stets auf die richtige Betriebsspannung zu achten. Zudem haben vorgesteuerte Ventil kleinere Spulen und nehmen daher oft weniger Leistung (z. B. 5 W) auf. Nicht vorgesteuerte Ventile haben daher höhere Leistungsaufnahmen (z. B. 20 W).

Name:	Klasse:	Datum:

Relaissteuerungen

1. Welche Vorteile hat die Verwendung von elektrischen Relais in elektropneumatischen Steuerungen?

Merke

Die Magnetspulen von elektromagnetisch betätigten Wegeventilen werden in der Regel nicht direkt von den Signalgliedern angesteuert. Die Signalglieder steuern die Magnetspulen nur indirekt, indem sie die Anschlüsse A1 und A2 von Relais mit Spannung versorgen. Das Relais schaltet entsprechend der Spannungsversorgung die zugehörigen Öffner, Schließer und Wechsler, wenn gewollt auch zeitverzögert, und steuert so die Stellungen der Wegeventile.

2. Mithilfe eines Relais kann auch das Signal eines Signalgebers (Taster, -SF1) gespeichert werden. Das Relais erhält trotz Loslassens des Signalgebers weiterhin über die sogenannte Selbsthaltung Strom. Erklären Sie mithilfe einer Skizze, welche Bedeutung der Begriff dominierend Aus in diesem Zusammenhang hat.

3. Erstellen Sie für die Schaltung in Aufgabe 2 eine Funktionstabelle für die Signale von -SF1, -SF2 und -KF1.

Funktionstabelle		
-SF1	-SF2	-KF1

Name: | Klasse: | Datum:

GRAFCET

Merke

Ein GRAFCET zeigt im Wesentlichen die sequenziellen Abläufe einer Steuerung. Die innerhalb dieser Struktur auszuführenden Aktionen wechseln sich mit den zugehörigen Weiterschaltbedingungen ab. Zusammen bilden sie den Steuerprozess ab. Die Darstellung eines GRAFCET-Plans ist genormt (DIN EN 60848).

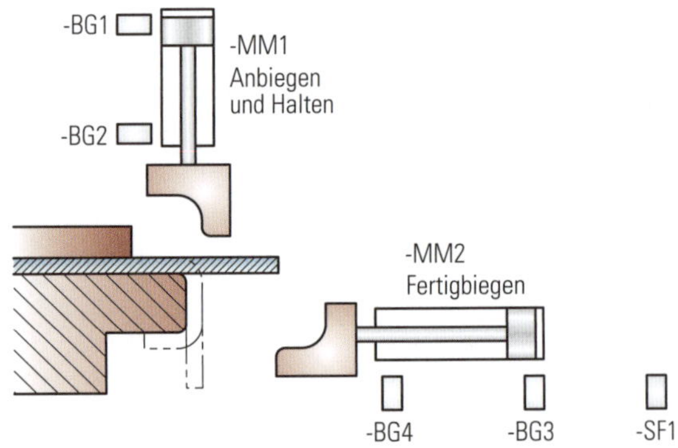

1. Kommentieren Sie den abgebildeten GRAFCET-Plan der im Lageplan und Pneumatikplan abgebildeten Biegevorrichtung.

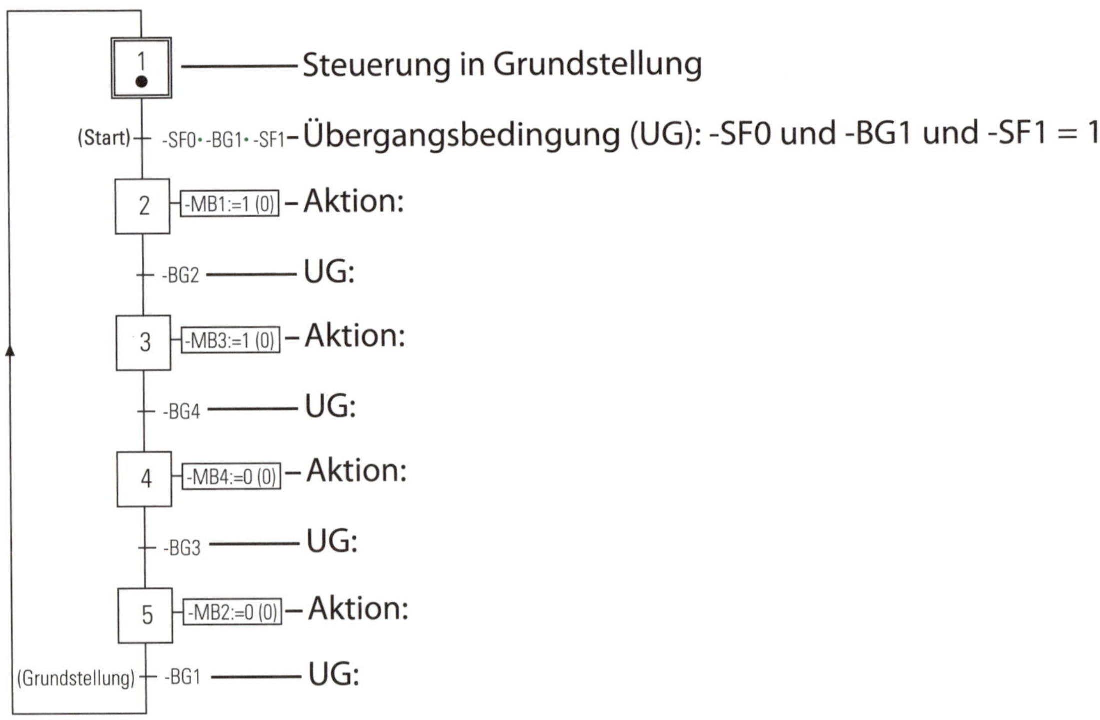

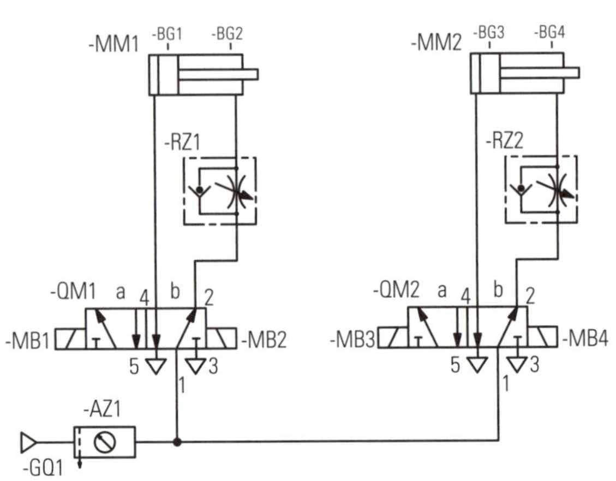

Pneumatikplan Biegevorrichtung

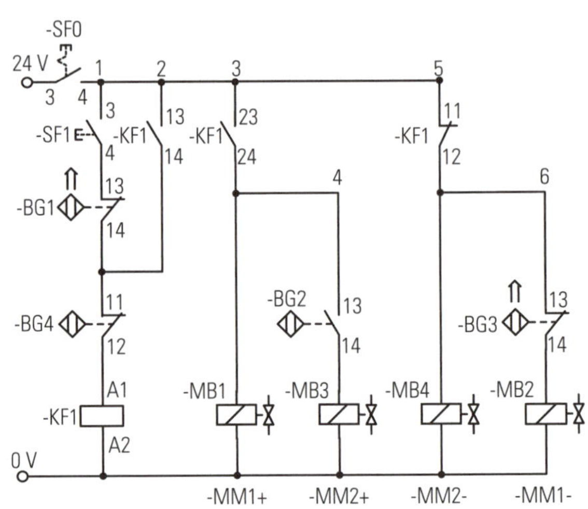

Stromlaufplan Biegevorrichtung

Name:	Klasse:	Datum:

Grundlagen der Hydraulik

1. Der Komponenten einer hydraulischen Anlage können einer der maximal fünf Ebenen, die zum Abbilden des Energie- und Informationsflusses der Anlagen dienen, zugeordnet werden. Benennen und ordnen Sie die abgebildeten Bauteile einer der fünf Ebenen zu.

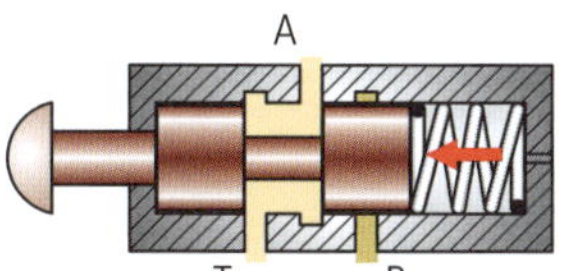

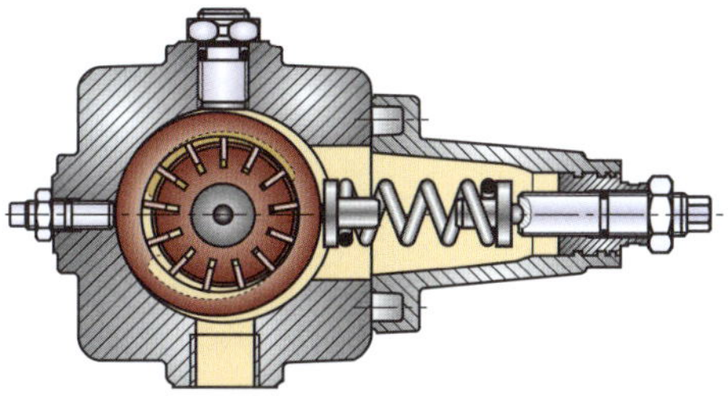

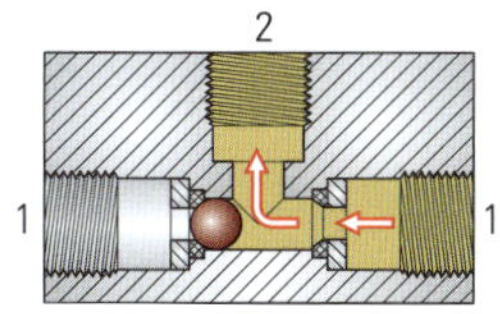

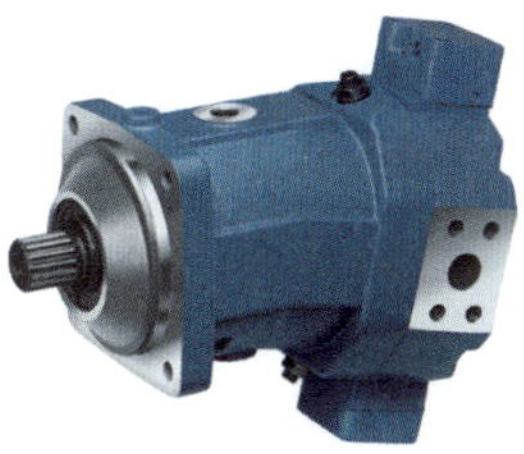

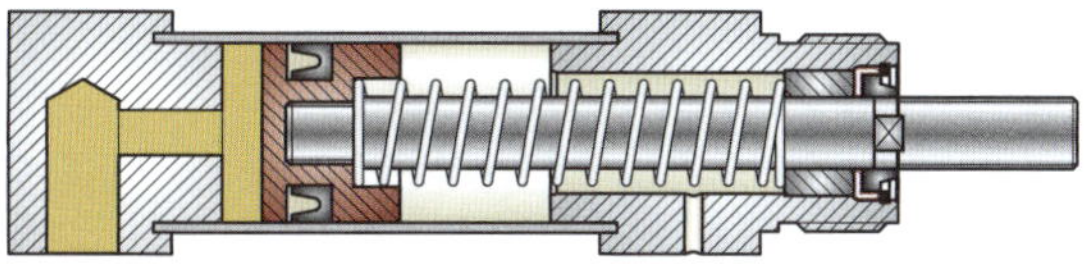

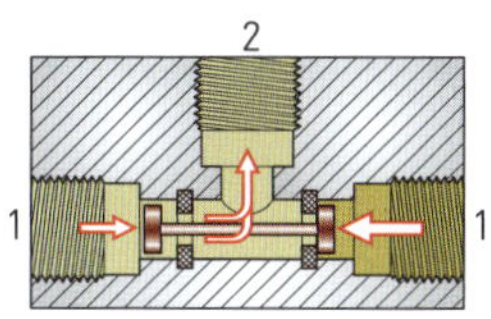

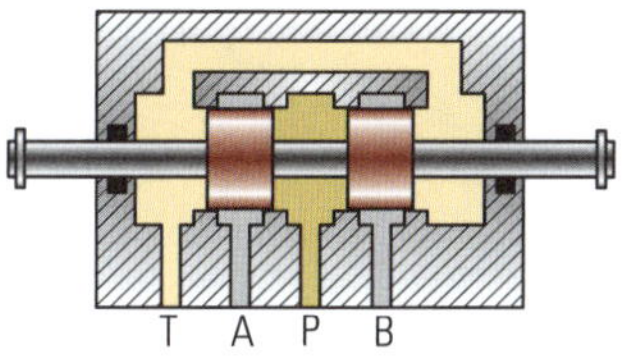

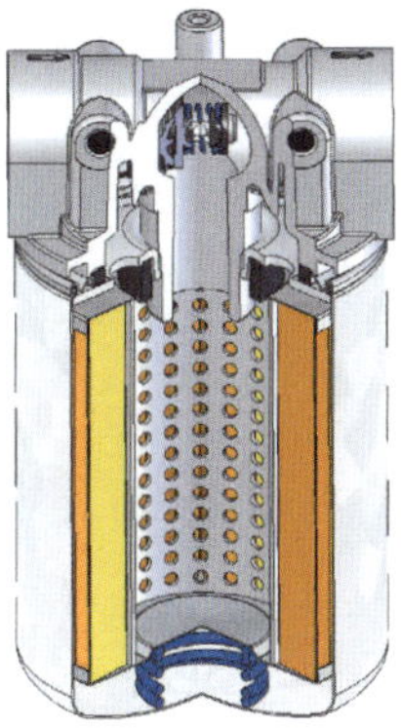

Ebene der	
Antriebsglieder	
Stellglieder	
Steuerglieder	
Signalglieder	
Versorgungsglieder	

Name:	Klasse:	Datum:

Energieversorgung

1. Zur Versorgung der Antriebsglieder werden in hydraulischen Systemen ausschließlich Verdrängerpumpen verwendet. Nennen Sie fünf Kenngrößen, die bei der Auswahl einer Pumpe eine Rolle spielen.

2. Hydraulikpumpen werden oftmals mit anderen Komponenten der Energieversorgung zusammen als Baugruppe als hydraulische Antriebsaggregat montiert. Bennen Sie die einzelnen Komponenten.

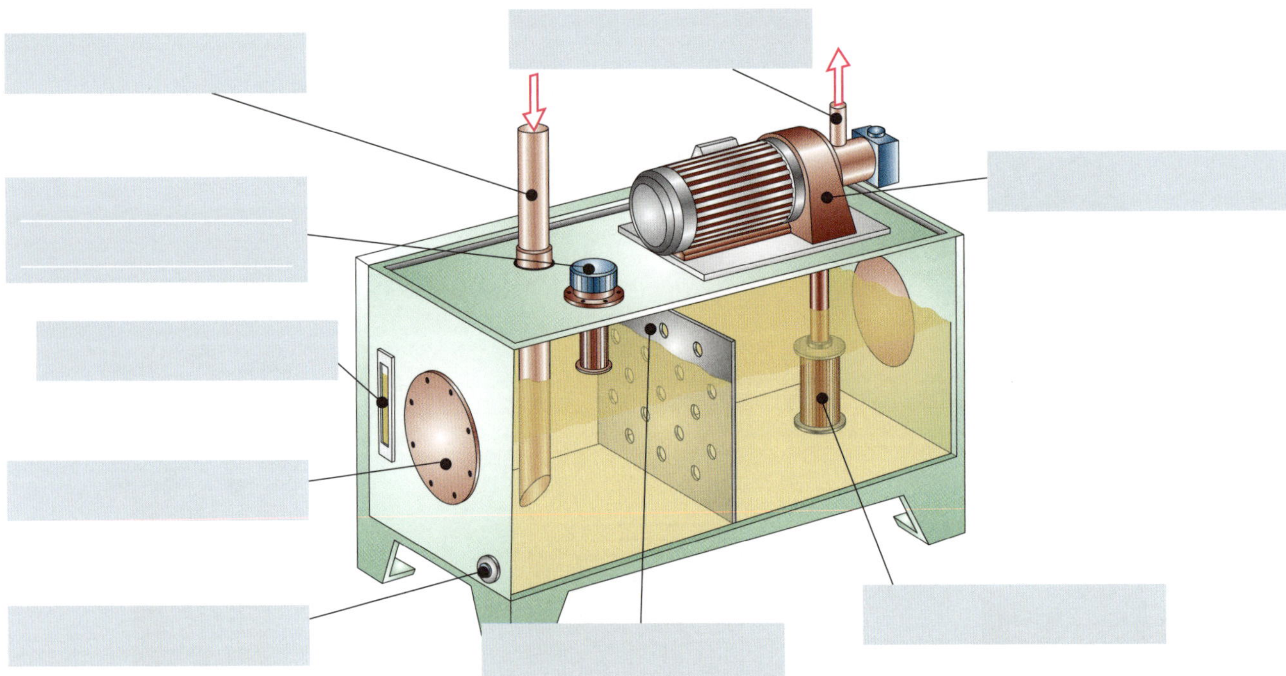

Merke

Hydraulikpumpen werden meist durch Elektromotoren angetrieben und haben die Aufgabe, einen Volumenstrom Q und Druck p_e zu erzeugen. Dazu wandeln sie die zugeführte elektrische bzw. mechanische Energie zum großen Teil in hydraulische Energie um (primärseitige Umwandlung).

3. Worin besteht der Unterschied zwischen einer Konstant- und einer Verstellpumpe?

Name:	Klasse:	Datum:

4. Begründen Sie, warum der absolute Druck an der Saugseite der Hydraulikpumpe nicht weniger als 0,7 bar betragen darf. Stichworte, die Ihnen dabei helfen, sind:
Unterdruck, Siedepunkt, Gasblasen, Volumenabnahme, Dieseleffekt, Kavitation

5. Der Zeiger eines Manometers an einer Versorgungsleitung einer hydraulischen Anlage vibriert bei Betrieb der Anlage stark. Hilft es, das Manometer einfach auszutauschen, da es defekt zu sein scheint?

6. Nennen Sie für die aufgeführten Situationen und Anforderungen eine technische Umsetzung in hydraulischen Systemen.

Situation / Anforderung	Technische Umsetzung / Lösung
Bei einem Systemdruck p_e = 700 bar soll der Leitungsdruck analog angezeigt werden.	
Das Unter- bzw. Überschreiten eines eingestelleten Druck, soll optisch durch das Aufleuchten einer Warnlampe angezeigt werden.	
Der effektive Volumenstrom soll zwecks der Verschleißermittlung einer Hydraulikpumpe ermittelt werden.	

Name:	Klasse:	Datum:

Antriebseinheiten

1. Was versteht man in der Hydraulik unter einem Linearmotor?

2. Beschreiben Sie, wie nach der Montage eines neuen Hydraulikzylinder die Anlage entlüftet wird.

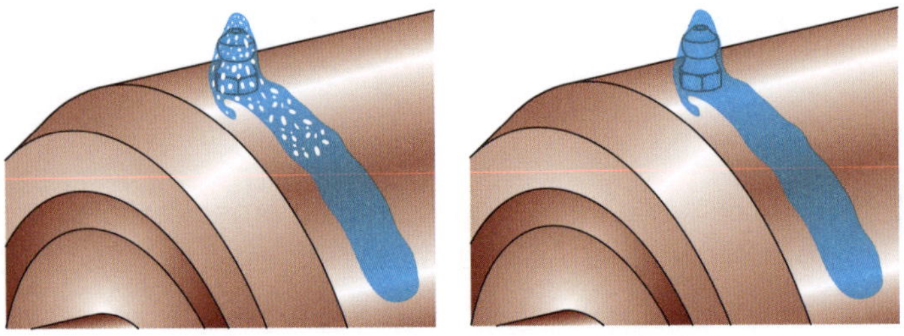

Entlüften eines Hydraulikzylinders

3. Benennen Sie den abgebildeten Zylinder und nennen Sie seine besonderen Merkmale.

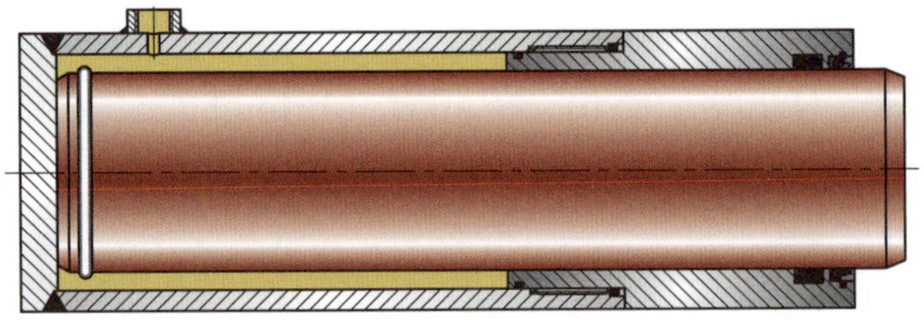

Merke

Hydraulikzylinder und -motoren wandeln die zugeführte hydraulische Energie in mechanische Energie um (sekundärseitige Umwandlung). Der Wirkungsgrad eines hydraulischen Antriebs wird zum Großteil durch die mechanische Reibung bestimmt und weniger durch volumetrische Verluste (Leck- und Kompressionsverluste).

4. Von welchen Größen hängt bei einem hydraulischen Zylinder die Kolbengeschwindigkeit ab?

Name:	Klasse:	Datum:

5. Ein Gleichlaufzylinder mit einem Kolbendurchmesser von 60 mm und einem Kolbenstangendurchmesser von 40 mm soll eine Einfahr- und Ausfahrgeschwindigkeit von 10 m/min haben. Wählen Sie anhand des Datenblatts einer Innenzahnradpumpe die geeignete Baugröße und Ausführung der Pumpe aus. Reibungsverluste bleiben unberücksichtigt.

Technische Daten

Baugröße			**BG**	**2**	**2**	**2**	**3**	**3**	**3**
Nenngröße			NG	5	6	8	11	13	16
Verdrängungsvolumen, geometrisch		V_g	cm^3	5.24	6.5	8.2	11.0	13.3	16.0
Antriebsdrehzahl		n_{min}	min^{-1}	600	600	600	600	600	600
		n_{max}	min^{-1}	3000	3000	3000	3000	3000	3000
Betriebsdruck absolut									
Eingang		p	bar	0.8 bis 2 (kurzzeitig bei Start 0.6 bar)					
Ausgang	kontinuierlich								
	Standardflüssigkeit	p_n	bar	315	315	315	315	315	315
	Sonderflüssigkeit	p_n	bar	210	210	210	210	210	210
	intermittierend								
	Standardflüssigkeit	p_{max}	bar	350	350	350	350	350	350
	Sonderflüssigkeit	p_{max}	bar	230	230	230	230	230	230
Volumenstrom (bei $n = 1450\ min^{-1}$, $p = 10$ bar, $v = 46\ mm^2/s$)		q_V	L/min	7.5	9.3	11.8	15.8	19.1	23.0

6. Es stehen drei Elektromotoren mit einer Leistung von 0,75 kW, 1 kW und 1,75 kW für den Antrieb der Pumpe aus Aufgabe 1 zur Verfügung. Berechnen Sie, welcher Elektromotor bei einem Systemdruck von 25 bar der Passende ist.

Name:	Klasse:	Datum:

7. Wie groß ist die Stromaufnahme des Elektromotors bei einer Spannung von 230 V und welche Stromkosten fallen, bei einer Einschaltdauer von 100 % und einer Betriebszeit von fünf Tagen à acht Stunden, bei einem Preis von 0,23 Euro/kW · h an?

8. Wie groß ist die maximale Kraft, die der Zylinder bei einer Kolbengeschwindigkeit von 10m/min und maximaler Pumpenleistung erzeugen kann?

9. Welches Drehmoment hätte ein Hydraulikmotor mit einer Umdrehungsfrequenz von 50/min und einer Pumpenleistung von 750 W?

Name:	Klasse:	Datum:

Ventile

1. Vervollständigen Sie den folgen Text über hydraulische Wegeventile.

Wegeventile haben die Aufgabe, die ______ des Volumenstroms zu steuern.

Die Benennung und die Sinnbilder entsprechen der Darstellung in der ______.

Die Schaltstellungen werden mit ______ von ______ nach ______ bezeichnet. Die Ausgangsstellung erhält die ______. Im Schaltplan werden die Ventile in ______ gezeichnet. Die Anschlüsse werden mit ______ bezeichnet:

P: ______ T: ______ ______: Leckölanschluss

______: Arbeitsanschlüsse X,Y: ______

2. Welche Vor- und Nachteile haben die beiden abgebildeten Bauarten von Wegeventilen?

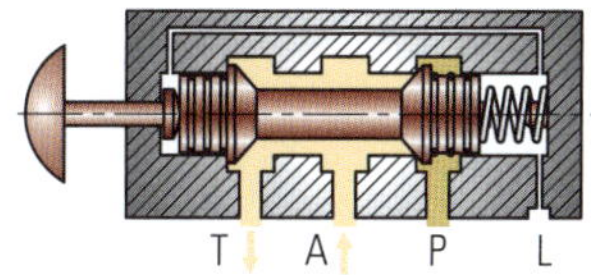

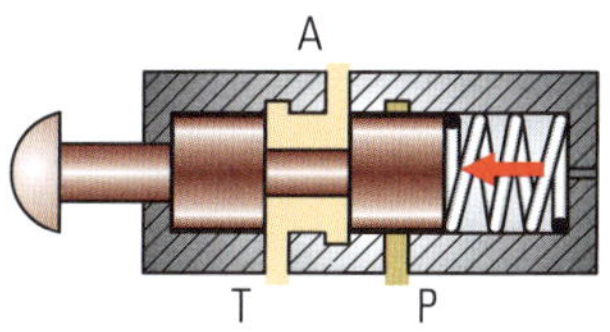

3. Welchen Vorteil und Nachteil haben Schieberventile mit positiver Schaltüberdeckung?

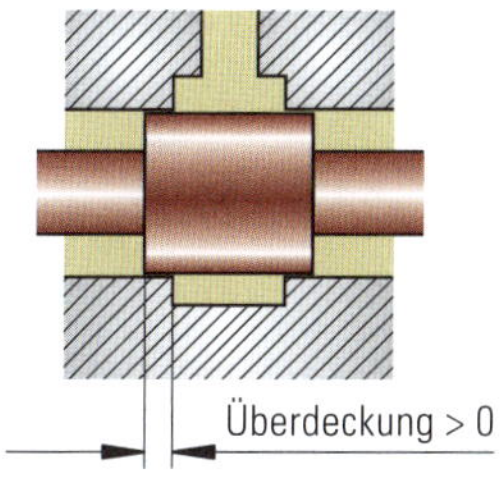

4. Welche Art von Ventil wird in nebenstehendere Abbildung dargestellt und wozu dient es in hydraulischen Systemen?

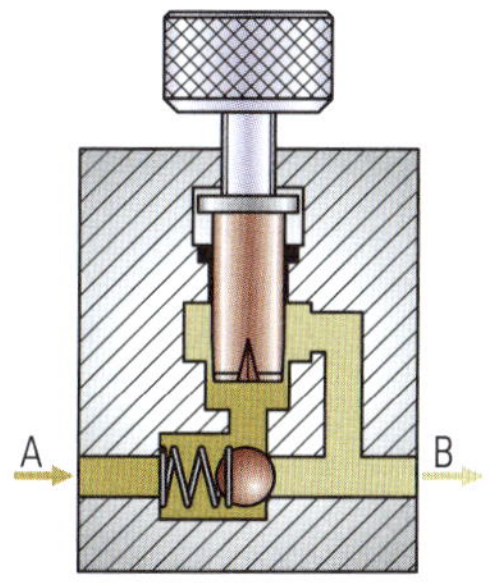

Durchfluss von A-B gedrosselt

Name:	Klasse:	Datum:

Grundsteuerungen

1. Die Tür eines Glühofens wiegt aufgrund der feuerfesten Ausmauerung 120 kg. Sie ist hängend an einem hydraulischen Zylinder montiert. Die Steuerung des Zylinders soll es dem Bediener ermöglichen, die Ofentür durch Handbetätigung (Hebel) langsam mit gleichbleibender Geschwindigkeit heben und senken zu können und jeder Zeit zu stoppen. Zudem soll die Geschwindigkeit vom Bediener einstellbar sein. Vervollständigen Sie die Schaltung und begründen Sie, warum die hängende Montage ungünstig ist.

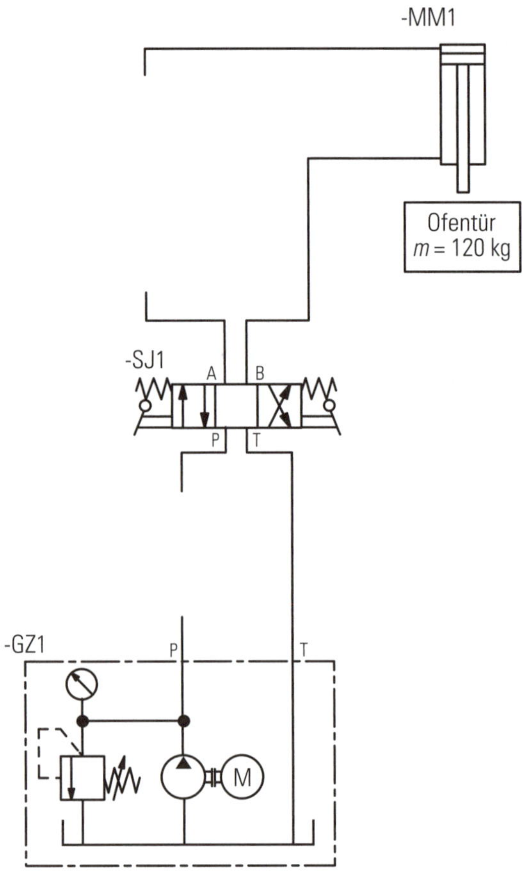

Name:	Klasse:	Datum:

2. Der Hydraulikplan zeigt eine Eilgang-Vorschub-Steuerung für eine Werkzeugmaschine. Vervollständigen Sie die folgenden Sätze.

Das Ventil -FL1 ist ein ______________________ und sichert die Steuerung ab.

Der Zylinder -MM1 ist in der Grundstellung ________________.

Schaltet das Wegeventil -SJ1 in Schaltstellung a, fährt der Zylinder -MM1 im ____________ aus, da der Rücklauf über das 2/2 Wegeventil ________________ stattfinden kann.

Erreicht der Zylinder -MM1 das Ventil -BG1, schaltet dieses in Schaltstellung ___ und der Rücklauf ist nur noch ______________ über ________ möglich (gedrosselte Vorschubgeschwindigkeit).

Die nötige Aufteilung des Volumenstroms der Konstantpumpe erfolgt durch das Ventil ________.

Die Schaltstellung b des Wegeventils -SJ1 ermöglicht den __________________ des Zylinders.

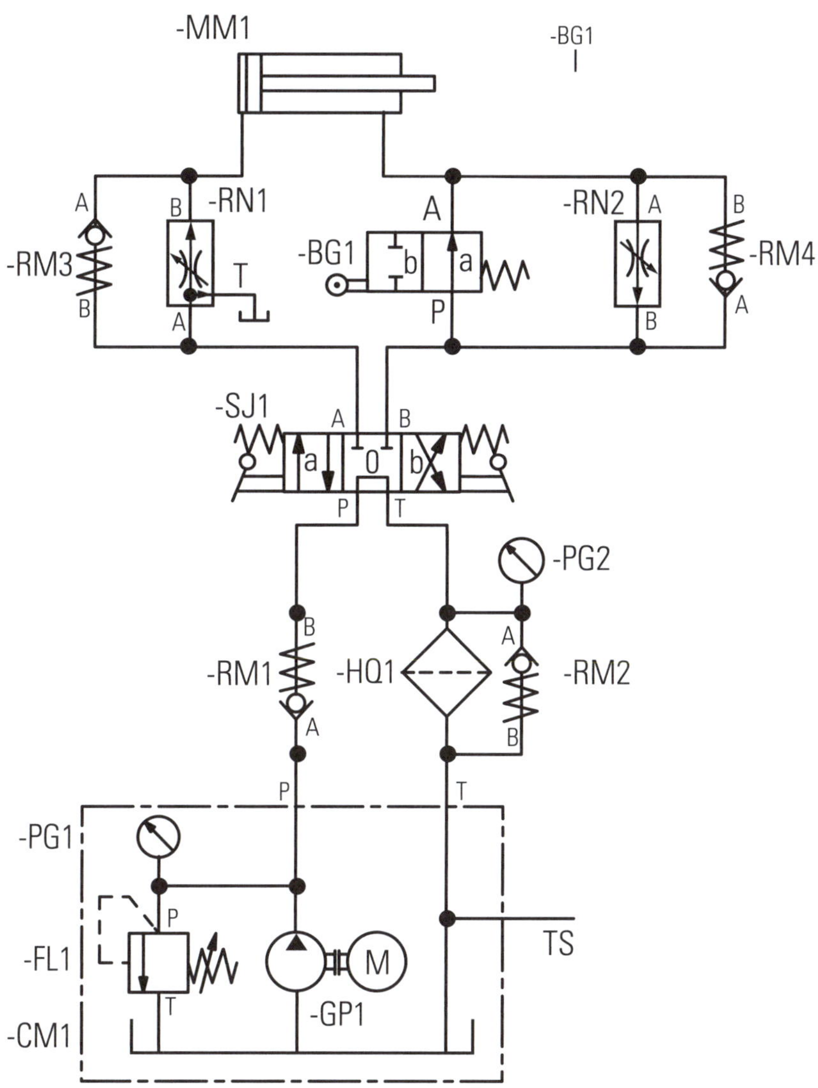

Name:	Klasse:	Datum:

S. 16

Leitungen

Merke

Hydraulikschläuche dienen zur Verbindung von beweglichen Systemkomponenten einer hydraulischen Steuerung. Sie kommen auch dann zur Anwendung, wenn die Systemkomponenten häufig gelöst bzw. gewechselt werden.

1. Kennzeichnen Sie die Abbildungen der Anschlussbeispiele mit den Abkürzungen r für richtig und f für falsch.

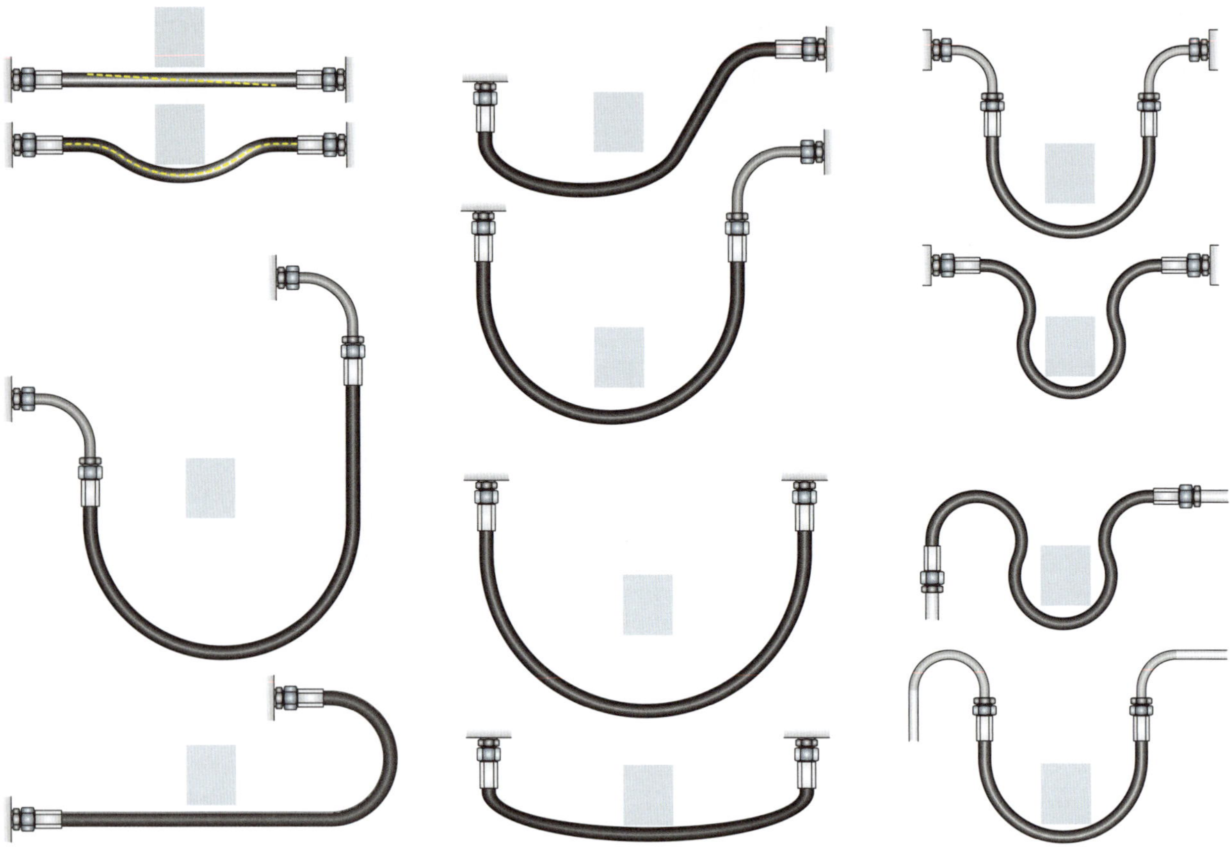

Name:	Klasse:	Datum:

Beanspruchungen

1. Der blau dargestellte Profilstab wird unterschiedlich beansprucht. Tragen Sie in die folgende Tabelle seine Beanspruchung ein und geben Sie das entsprechende Formelzeichen für die Beanspruchung mithilfe des Tabellenbuchs an.

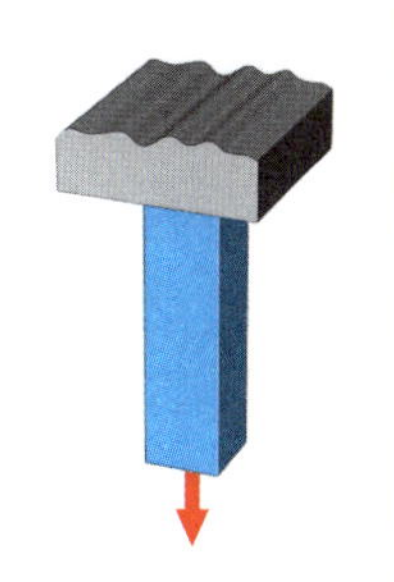	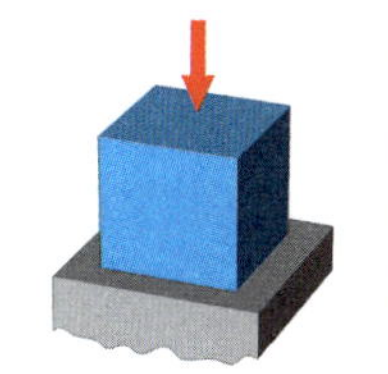	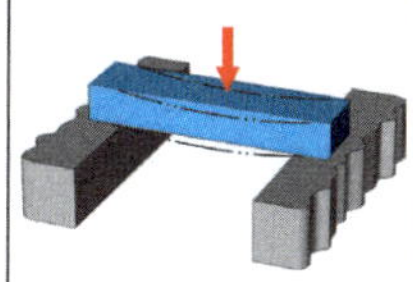	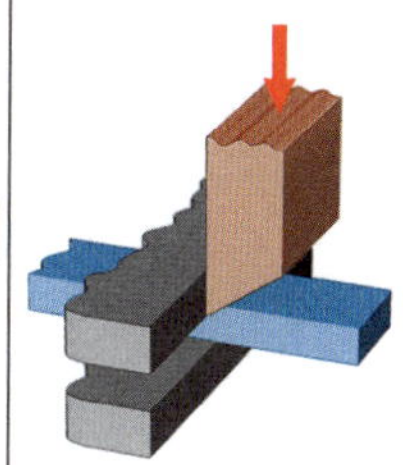	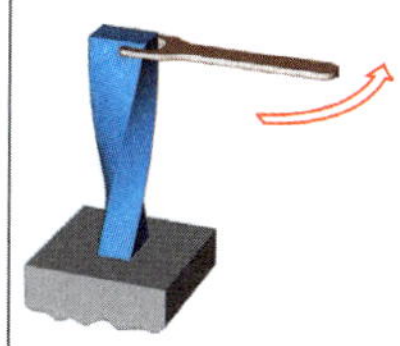	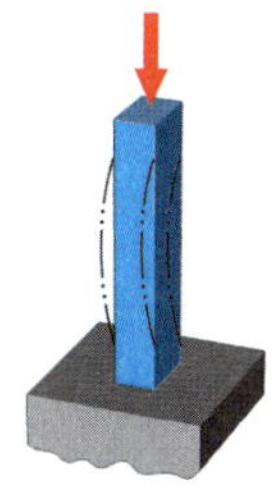
Zug					
σ_z					

Belastungen

2. Tragen Sie für die drei Lastfälle in der Tabelle die zeitlichen Verläufe der Spannungen in Abhängigkeit von der Zeit ein.

Ruhende Belastung (Lastfall I)	Schwellende Belastung (Lastfall II)	Wechselnde Belastung (Lastfall III)

3. Die Art der Belastung hat Auswirkungen auf die zulässigen Spannungen im Bauteil. Welcher der aufgeführten Lastfälle belastet das Bauteil nach Ihrer Meinung besonders, sodass die zulässigen Spannungen im Bauteil am niedrigsten sind?

4. Ermitteln Sie mithilfe des Tabellenbuchs die Schwellfestigkeit und die Wechselfestigkeit für ein auf Biegung beanspruchtes Bauteil aus C45 und korrigieren Sie – falls erforderlich – die Lösung zu Aufgabe 3.

Name:	Klasse:	Datum:

Achsen und Wellen

Merke

Achsen werden meist auf ____________________ und ____________________ beansprucht.
Sie übertragen keine ____________________.

Merke

Wellen übertragen ____________________.
Sie werden vorrangig auf ____________________ beansprucht.

1. In den folgenden beiden Bildern sind Seilrollenlagerungen für einen Aufzug dargestellt. Kreuzen Sie die richtigen Antworten an.

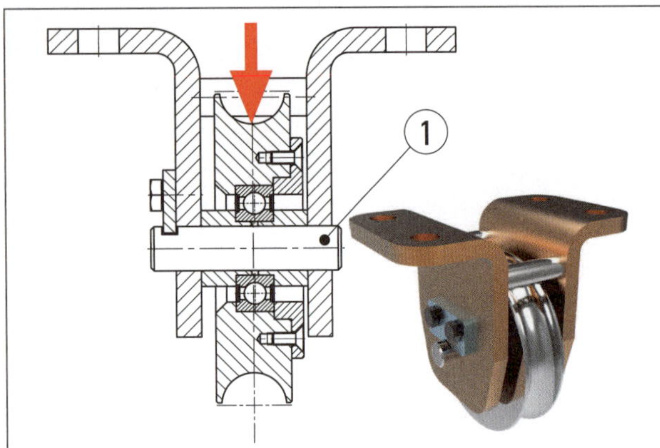	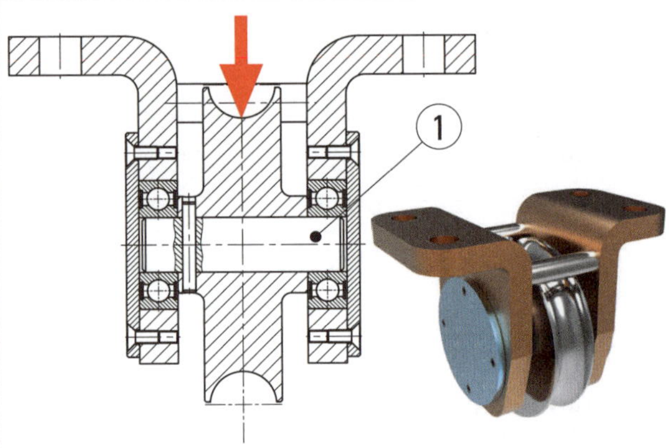
☐ Teil 1 dreht sich.	☐ Teil 1 dreht sich.
☐ Teil 1 steht still.	☐ Teil 1 steht still.
☐ Teil 1 ist eine Achse.	☐ Teil 1 ist eine Achse.
☐ Teil 1 ist eine Welle.	☐ Teil 1 ist eine Welle.
☐ Teil 1 wird auf Verdrehung beansprucht.	☐ Teil 1 wird auf Verdrehung beansprucht.
☐ Teil 1 wird auf Biegung beansprucht.	☐ Teil 1 wird auf Biegung beansprucht.
☐ Teil 1 wird auf Abscherung beansprucht.	☐ Teil 1 wird auf Abscherung beansprucht.
☐ Teil 1 wird schwellend belastet.	☐ Teil 1 wird schwellend belastet.
☐ Teil 1 wird wechselnd belastet.	☐ Teil 1 wird wechselnd belastet.

2. Das folgende Bild stellt eine Kreissägenlagerung dar. Der Antrieb erfolgt über eine Flachriemenscheibe. Kreuzen Sie die richtigen Antworten an.

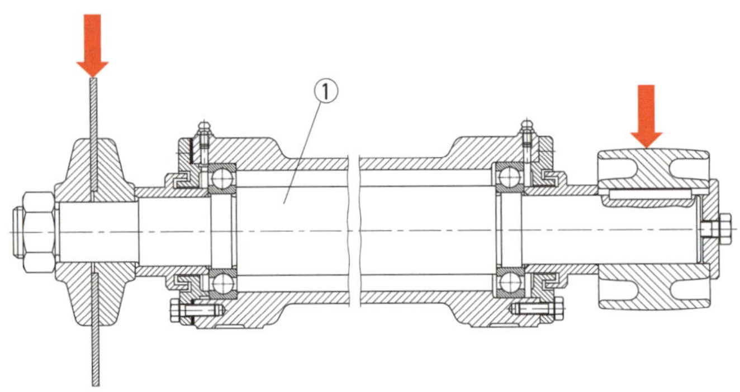

- ☐ Teil 1 dreht sich.
- ☐ Teil 1 steht still.
- ☐ Teil 1 ist eine Achse.
- ☐ Teil 1 ist eine Welle.
- ☐ Teil 1 wird auf Verdrehung schwellend belastet.
- ☐ Teil 1 wird auf Biegung schwellend belastet.
- ☐ Teil 1 wird auf Verdrehung wechselnd belastet.
- ☐ Teil 1 wird auf Biegung wechselnd belastet.

Name:	Klasse:	Datum:

Gleitlager

Merke

Radiallager nehmen Kräfte in radialer Richtung (senkrecht zur Rotationsachse) auf.
Axiallager übertragen die Kräfte in axialer Richtung (Richtung der Rotationsachse).

1. Ordnen Sie in der nebenstehenden Tabelle den richtigen Lagertyp zu.

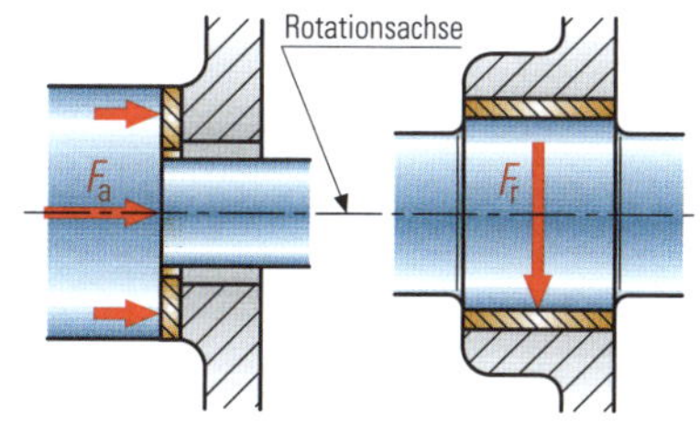

☐ Axiallager ☐ Radiallager	☐ Axiallager ☐ Radiallager

2. Aus welchem Grund werden Trockenlager eingesetzt und welche Reibungsart liegt bei ihnen vor?

3. Wie funktioniert ein Sinterlager und welche Reibungsart ist im Betrieb vorrangig vorhanden?

4. Benennen Sie die drei dargestellten Reibzustände in der Tabelle und geben Sie an, wie diese in einem hydrodynamischen Gleitlager entstehen.

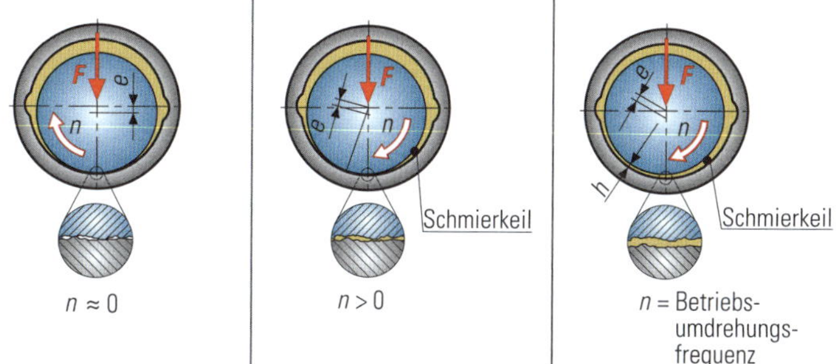

Name:	Klasse:	Datum:

5. Skizzieren Sie bei einem hydrodynamisch geschmierten Lager den Druckverlauf und zeigen Sie auf, wo die Schmiernuten angebracht werden.

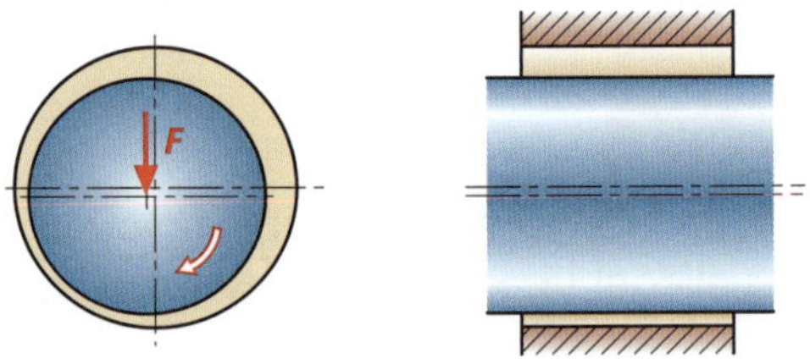

6. Nennen und begründen Sie je einen Vor- und Nachteil eines hydrostatischen Gleitlagers.

7. Wozu dienen Einpressdorn und Montagering beim Einbau von Gleitlagern?

8. Die dargestellte Welle ist in zwei Gleitlagern (A und B) mit 40 mm Innendurchmesser und 30 mm Breite gelagert. Die zulässige Flächenpressung in den Lagern beträgt 30 N/mm². Überprüfen Sie, ob die vorhandene Flächenpressung kleiner als die zulässige ist.

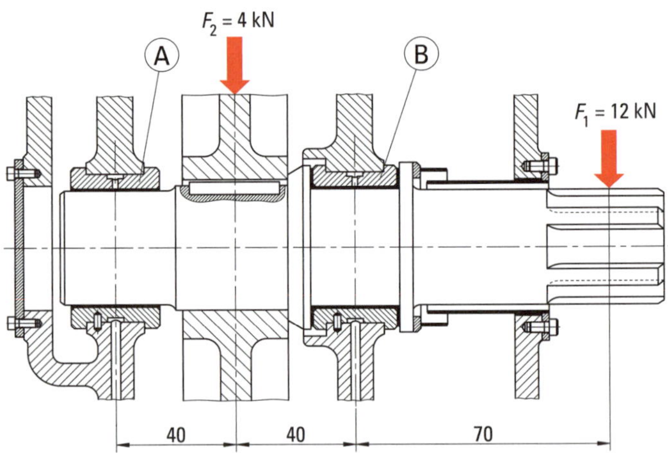

Name: | Klasse: | Datum:

Passungen und Passungssysteme

Passungsarten

1. Tragen Sie in die folgende Tabelle die Passungsarten, das Höchst- und Mindestspiel (P_{SH} und P_{SM}) sowie Höchst- und Mindestübermaß ($P_{ÜH}$ und $P_{ÜM}$) ein.

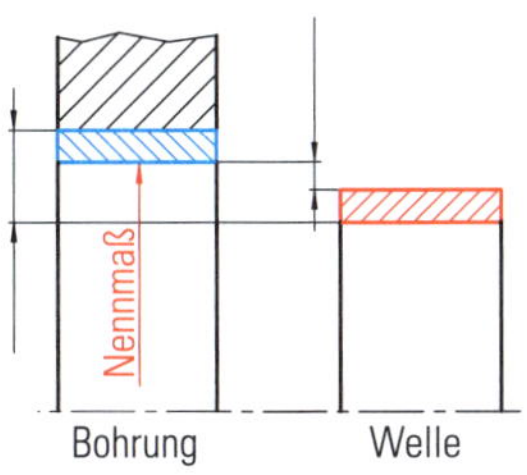	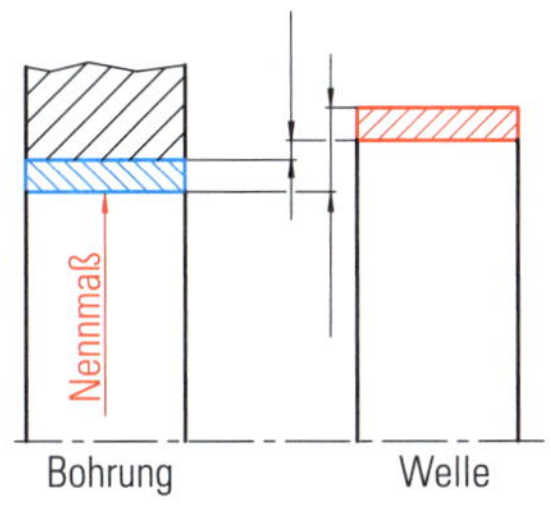	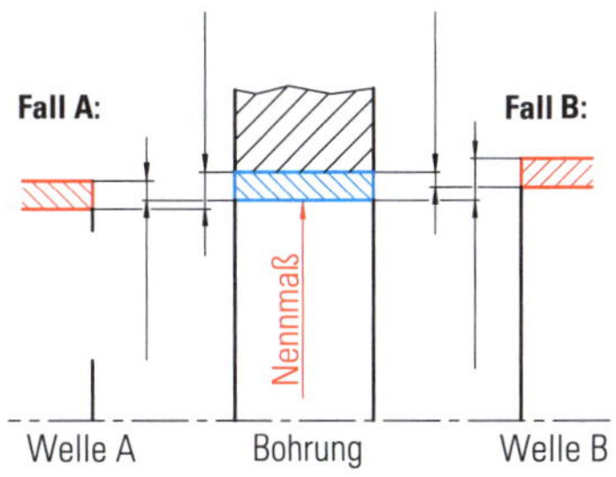

2. Ergänzen Sie mithilfe des Tabellenbuchs die Formeln unter „Merke".

Merke

Höchstspiel = __________ – __________

Mindestspiel = __________ – __________

Höchstübermaß = __________ – __________

Mindestübermaß = __________ – __________

Passungssysteme

3. Wodurch ist das Passungssystem „Einheitsbohrung" gekennzeichnet und welche Konsequenzen hat das für die Fertigung?

4. Wodurch ist das Passungssystem „Einheitswelle" gekennzeichnet und welche Konsequenzen hat das für die Fertigung?

Name:	Klasse:	Datum:

5. Warum wird im Maschinenbau das System der Einheitsbohrung bevorzugt?

Auswahlreihen

6. Im Tabellenbuch finden Sie zu den Passungssystemen Einheitsbohrung bzw. Einheitswelle ausgewählte Toleranzen für die Wellen bzw. Bohrungen. Was sind die Gründe für diese Auswahlreihen?

7. Wählen Sie für eine Bohrung von Ø50H7 die Wellentoleranzen aus, wenn

a) großes Spiel

b) kleines Spiel

c) kleines Übermaß

d) großes Übermaß

erreicht werden soll.

8. Vervollständigen Sie die folgende Tabelle mithilfe Ihres Tabellenbuchs.

Passung	Höchst-spiel in mm	Mindest-spiel in mm	Höchst-übermaß in mm	Mindest-übermaß in mm	Passungs-art	Passungs-system
Ø40H7/f7	0,075	0,025			Spiel	EB
10H6/r5						
Ø50M7/h6						
100X9/h9						
Ø30H7/k6						
200H7/h6						
20H6/h5						
12P9/h9						

Name:	Klasse:	Datum:

Aufbau von Wälzlagern

1. Benennen Sie die vier Bestandteile des dargestellten Radialwälzlagers und beschreiben Sie deren Aufgaben.

2. Begründen Sie, aus welchem Grunde Rollenlager gegenüber Kugellagern bevorzugt werden.

3. Nennen Sie je ein Wälzlager für a) ausschließlich radiale, b) ausschließlich axiale sowie c) radiale und axiale Kraftaufnahme.

Lageranordnung

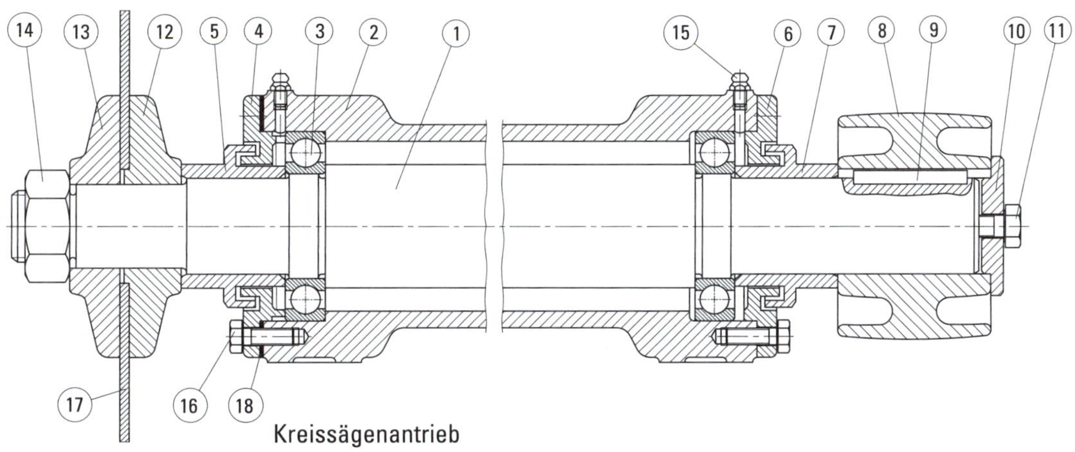

Kreissägenantrieb

Name:	Klasse:	Datum:

S. 2

1. Die Kreissägenwelle (siehe vorherige Seite) ist in zwei gleichen Rillenkugelagern gelagert. Um welche Lageranordnung handelt es sich dabei?

2. Führen Sie drei Gründe auf, die für diese Lageranordnung sprechen.

3. Um welche Lagerungsart handelt es sich bei dem nebenstehenden Bild?

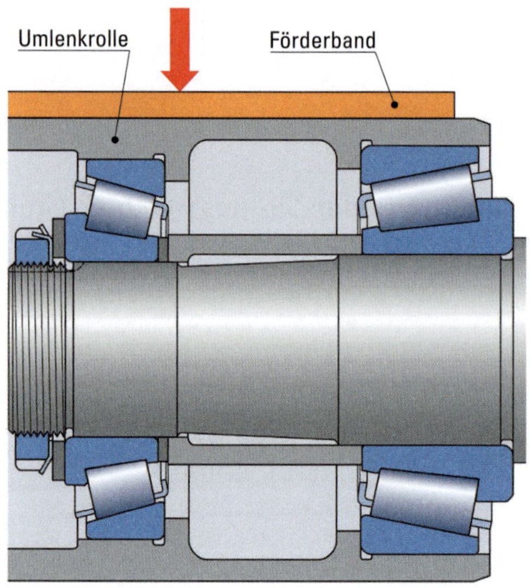

4. In welcher Form sind die Lager angeordnet und welchen Vorteil hat diese Anordnung?

5. Wie wird das Lagerspiel eingestellt und gesichert?

6. Beschreiben Sie das Kennzeichen einer schwimmenden Lagerung.

Umlaufverhältnisse

1. Bestimmen Sie die Umlaufverhältnisse für

a) das Festlager des Kreissägenantriebs

b) die Kegelrollenlager bei der Umlenkrollenlagerung (Aufgabe 3)

Name:	Klasse:	Datum:

2. Wo sind bei den Rillenkugellagern des Kreissägenantriebs feste Passungen erforderlich bzw. lose Passungen zulässig?

Schmierung

1. Nennen Sie vier Aufgaben, die die Schmierung bei Wälzlagern erfüllen soll.

2. Womit und wie werden die Lager des Kreissägenantriebs geschmiert?

3. Begründen Sie, unter welchen Bedingungen eine Ölschmierung einer Fettschmierung vorgezogen wird.

4. Nennen Sie zwei Verfahren der Ölschmierung.

Montage und Demontage

1. Beschreiben Sie die Montage des Kreissägenantriebs.

Name:	Klasse:	Datum:

2. In welcher Reihenfolge werden die Lageringe bei nicht zerlegbaren Lagen wie z. B. bei Rillenkugellagern montiert und wie hängt die Montagereihenfolge mit den Umlaufverhältnissen zusammen?

Merke

Montagekräfte dürfen bei der Montage von Wälzlagern ________ über die Walzkörper geleitet werden!

3. Beschreiben Sie mithilfe des nebenstehenden Bildes das Montieren und das Einstellen des Lagerspiels eines Wälzlagers mit einer konischen Bohrung auf einer Spannhülse.

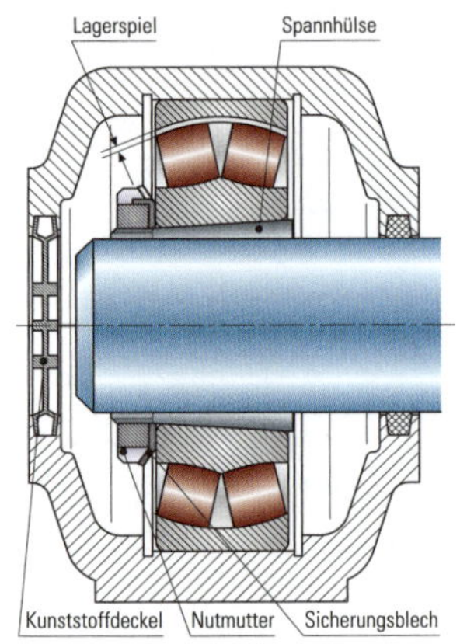

4. Durch Erwärmung des Wälzlagers vor der Montage lassen sich feste Passungen von Innenring und Welle ohne große axiale Kräfte fügen. Nennen Sie drei Möglichkeiten zum Erwärmen der Wälzlager.

5. Um welchen Betrag vergrößert sich der Innendurchmesser eines Rillenkugellagers DIN 625 – 6216 wenn es von 20 °C auf 110 °C erwärmt wird ($\alpha = 0{,}000010/\text{K}$)?

Name:	Klasse:	Datum:

Anforderungen an Führungen

1. Nennen Sie vier Anforderungen, die an Führungen gestellt werden.

Gleitführungen

1. Skizzieren Sie in die Tabelle die entsprechende Gleitführung.

Rundführung	Flachführung	Dachführung	Schwalbenschwanz-führung

2. Welche der aufgeführten Führungen behält eine gute Führung trotz Verschleiß ohne zusätzliches Nachstellen?

Wälzführungen

1. Nennen Sie zwei Vorteile und einen Nachteil von Wälzführungen gegenüber Gleitführungen.

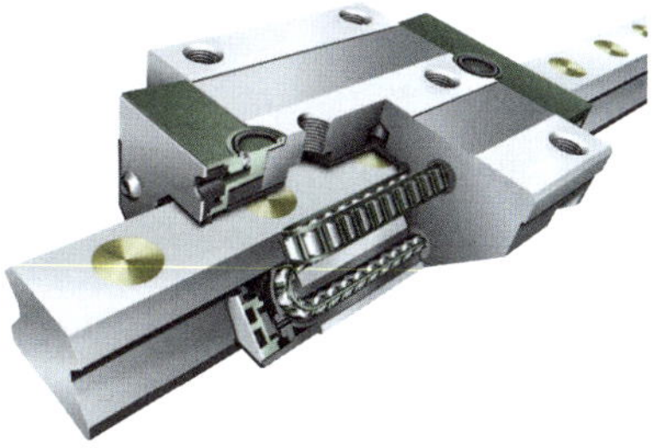

2. Um welche Wälzführung handelt es sich im dargestellten Bild?

3. Beschreiben Sie die Funktionsweise der dargestellten Wälzführung.

Name:	Klasse:	Datum:

Ausgewählte Wellendichtungen

1. Nennen Sie drei Aufgaben, die Wellendichtungen erfüllen.

2. Tragen Sie in die Tabelle zu jeder Dichtungsart zwei Dichtungen ein.

Berührungsdichtungen		Berührungslose Dichtungen
Dynamische Dichtungen	Statische Dichtungen	

3. Zeigen Sie einen Vor- und einen Nachteil von berührungslosen Dichtungen auf.

4. Beschreiben Sie mithilfe des nebenstehenden Bildes die Aufgaben von Dichtlippe und Schutzlippe des Radialwellendichtringes (RWDR).

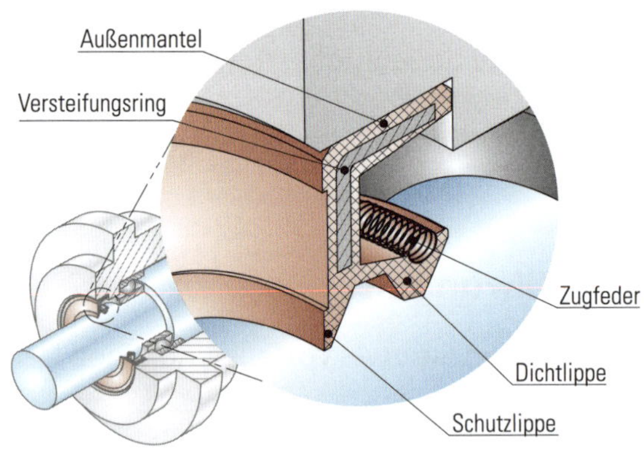

5. Welchen Anforderungen muss die Oberfläche der Welle erfüllen, auf der der RWDR gleitet?

6. Beschreiben Sie die Montage eines RWDR auf der Welle mit Absätzen ohne Fase.

7. Worauf ist bei der Montage von O-Ringen zu achten?

Name:	Klasse:	Datum:

Formschlüssige Welle-Nabe-Verbindungen

Merke

Welle-Nabe-Verbindungen dienen zur Übertragung von ________________.

Passfederverbindungen

1. Eine Keilriemenscheibe soll an einem Wellenende von 60 mm Durchmesser mittels einer Passfeder so verbunden werden, dass sie sowohl radial als auch axial nicht verschiebbar ist.

a) Legen Sie mithilfe Ihres Tabellenbuchs den Passfederquerschnitt fest.

b) Skizzieren Sie die Passfederverbindung von Keilriemenscheibe und Welle im Schnitt.

c) Legen Sie mithilfe des Tabellenbuchs die Toleranzen für die Passfedernuten in Welle und Nabe fest.

2. Bei der oben beschriebenen Verbindung, die ein Drehmoment von 800 N · m übertragen soll, wird eine Passfeder von 60 mm Länge eingesetzt. Überprüfen Sie, ob die zulässige Abscherspannung von 120 N/mm^2 in der Passfeder und die zulässige Flächenpressung von 120 N/mm^2 zwischen Passfeder und angrenzenden Bauteilen nicht überschritten werden.

Name: | Klasse: | Datum:

Zahnwellenverbindungen

3. Wozu eignen sich Zahnwellenverbindungen besonders?

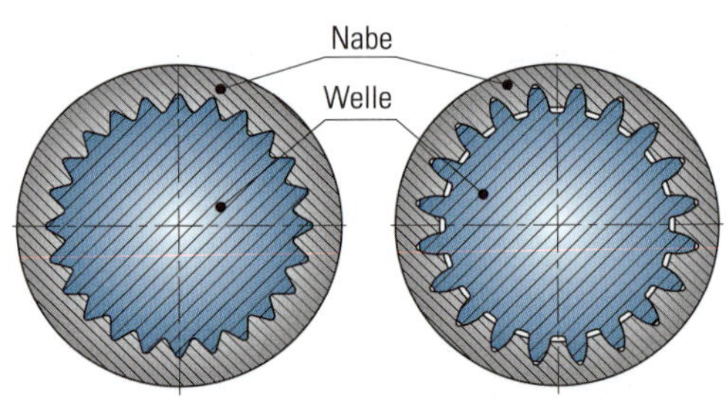

Kerbzahnprofil Evolventenzahnprofil

Polygonprofilverbindungen

4. Beschreiben Sie zwei Vorteile und einen Nachteil von Polygonprofilverbindungen gegenüber Passfederverbindungen?

Polygonprofil P3G (Gleichdick) DIN 32711

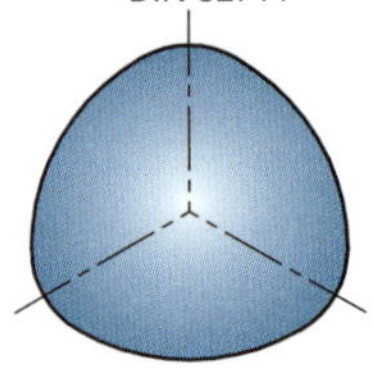

Polygonprofil P4C (Quadratpolygon) DIN 32712

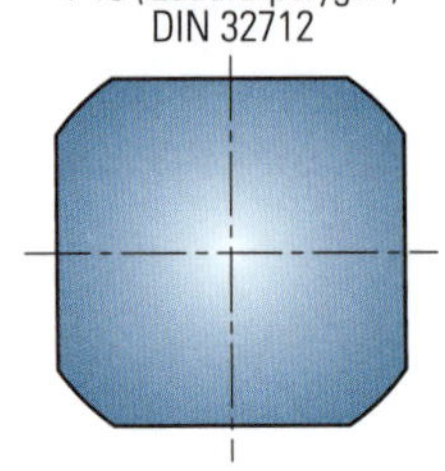

Name:	Klasse:	Datum:

Kraftschlüssige Welle-Nabe-Verbindungen

Keilverbindungen

1. Skizzieren Sie eine Welle-Nabe-Verbindung mit einem Nasenkeil.

2. Ermitteln Sie mithilfe des Tabellenbuchs die normgerechte Bezeichnung eines Einlegekeiles für eine Welle mit 60 mm Durchmesser, der eine Länge von 80 mm hat.

3. Ermitteln Sie das Höchst- und Mindestspiel zwischen dem gewählten Einlegekeil und der Nut, wenn der Keil nach h9 und die Nut nach D10 toleriert sind.

4. Beschreiben Sie die Wirkungsweise der skizzierten Nasenkeilverbindung.

Pressverbindungen

5. Erläutern Sie das Fügen und die Funktionsweise der dargestellten Längspressverbindung.

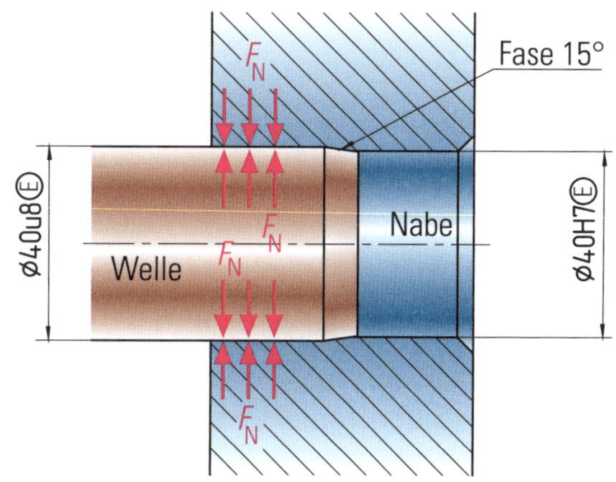

Name:	Klasse:	Datum:

6. Wie entstehen Querpressverbindungen?

7. Was ist das Kennzeichen einer Dehnpressverbindung?

8. Auf welche Temperatur muss eine Stahlnabe mit Ø50H7 erwärmt werden, wenn die Welle mit Ø50s6 beim Fügen mindestens ein Spiel von 40 µm haben soll?

Spannelementverbindungen

9. Beschreiben Sie die Wirkweise der dargestellten Verbindung.

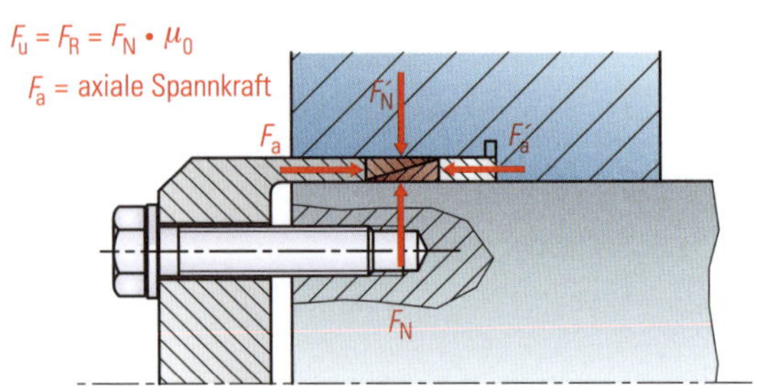

10. Erklären Sie stichpunktartig das Fügen der Welle-Nabe-Verbindung mithilfe eines Spannsatzes.

Name:	Klasse:	Datum:

Montageplanung am Beispiel einer Arbeitsspindel

Das nebenstehende Bild zeigt die Lagerung einer Arbeitsspindel für eine Tischfräse zur Holzbearbeitung. Zwei Rillenkugellager (6210 auf der Arbeitsseite und 6208 auf der Antriebsseite) lagern die Antriebswelle. Die Welle hat an den Lagerstellen jeweils eine Toleranz von js5. Das Gehäuse ist an den Lagerstellen nach JS6 auf der Arbeitsseite und H6 auf der Antriebsseite toleriert.

1. Benennen Sie die in der Zeichnung dargestellten Einzelteile.

Pos.	Benennung
1	
2	
3	
4	
5	
6	
7	
8	
9	
10	
11	
12	
13	
14	
15	
16	
17	
18	
19	

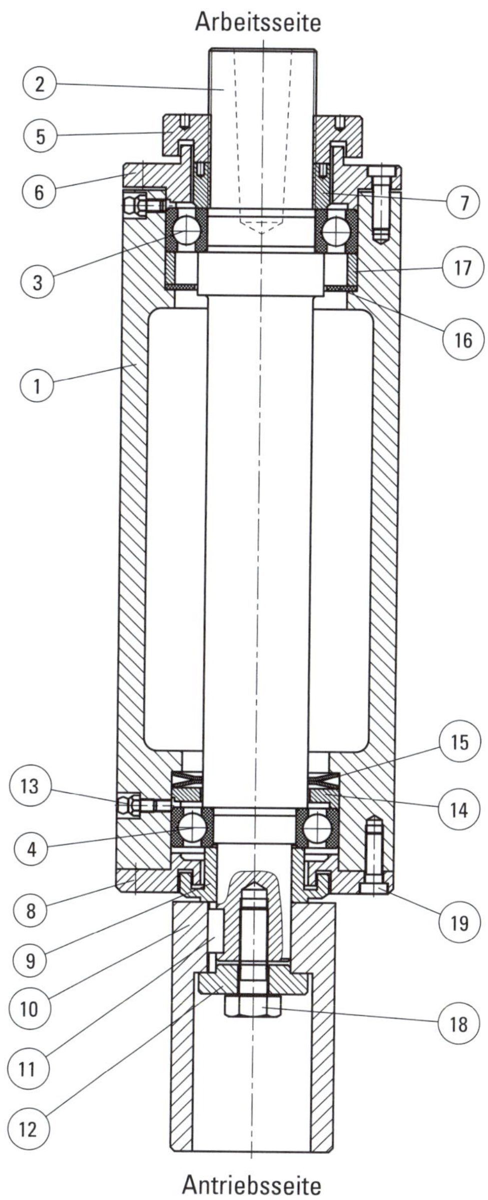

2. Bestimmen Sie mithilfe des Tabellenbuchs die Maße einschließlich der Toleranzen für die Wellendurchmesser und Gehäusedurchmesser bei den Lagersitzen.

Name: Klasse: Datum:

3. An welchen Lagerstellen rechnen Sie mit einer Übermaßpassung?

4. Erstellen Sie den Montageplan für die Lagerung der Arbeitsspindel der Tischfräse.

Lfd. Nr.	Arbeitsschritt	Werkzeuge, Hilfsmittel, usw.
1	Scheibe (16) und Distanzring (17) mit Gehäuse (1) fügen	
2		
3		
4		
5		
6		
7		
8		
9		
10		
11		
12		
13		
14		

Name:	Klasse:	Datum:

Koordinatensysteme

1. Bezeichnen Sie in dem dargestellten kartesischen Koordinatensystem die fehlenden Achsen und ordnen Sie die Drehachsen zu.

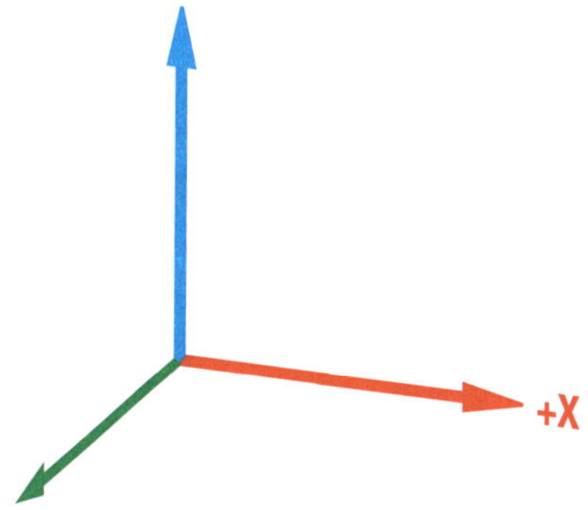

2. Wie haben Sie die positiven Drehrichtungen bestimmt?

3. Tragen Sie die positiven und negativen Koordinatenachsen zum Drehen und Fräsen in die beiden folgenden Abbildungen ein.

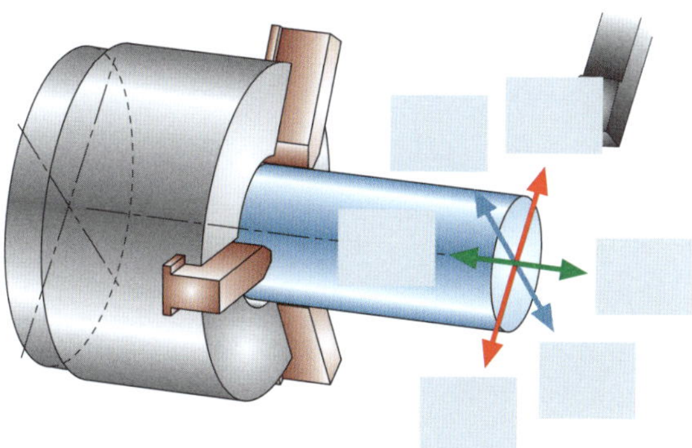

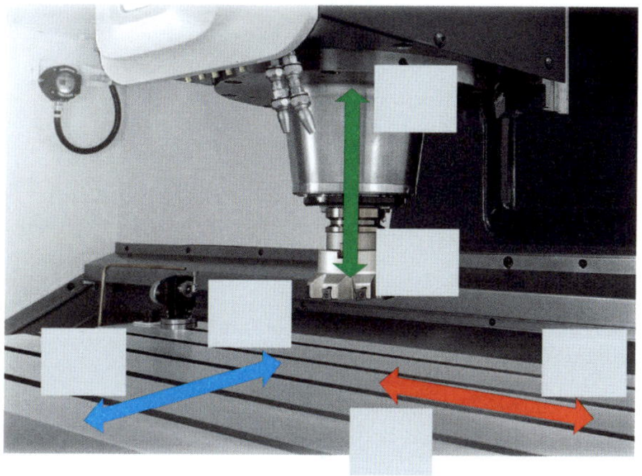

Merke

Bei der Programmierung von CNC-Maschinen wird prinzipiell davon ausgegangen, dass sich das ______________ relativ gegenüber dem ______________ bewegt.

4. Welchen Zusammenhang soll das nebenstehende Bild verdeutlichen?

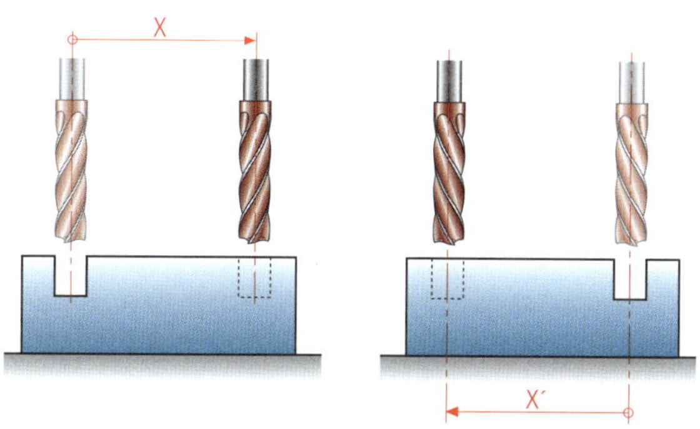

a) Werkzeugbewegung X   b) Werkstückbewegung X´

Name:	Klasse:	Datum:

Bezugspunkte im Arbeitsraum der CNC-Maschine

1. Bezeichnen Sie für eine CNC-Drehmaschine in der nebenstehenden Darstellung Maschinennullpunkt (MNP), Referenzpunkt (RP), Werkstücknullpunkt (WNP) und Werkzeugeinstellpunkt (WEP).

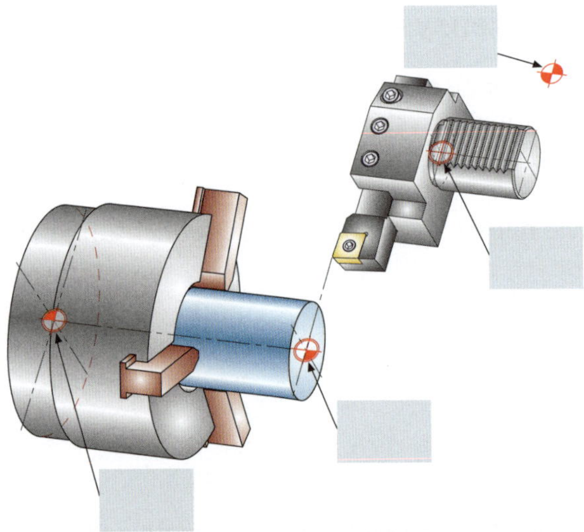

2. Beschreiben Sie in der folgenden Tabelle stichpunktartig die wichtigsten Merkmale der aufgeführten Bezugspunkte.

Bezugspunkt	Merkmale
Maschinen-nullpunkt	
Referenzpunkt	
Werkstück-nullpunkt	

3. Tragen Sie in das nebenstehende Bild die Werkzeugkorrekturen ein.

4. Wo liegt der Werkzeugeinstellpunkt bei Dreh- bzw. Fräsmaschinen?

Drehmaschine:

Fräsmaschine:

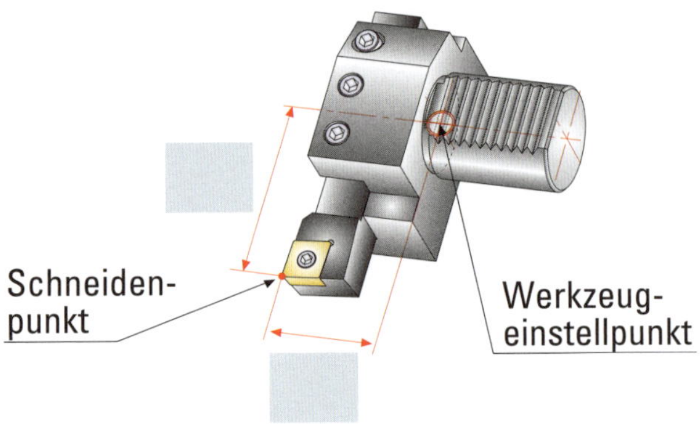

5. Warum benötigt z. B. die Steuerung der CNC-Drehmaschine die Werkzeugkorrekturwerte?

Name:	Klasse:	Datum:

Konturpunkte an Werkstücken

Merke

Beim Drehen ist der ____________________ der Koordinatenwert für die X-Achse.

1. Bestimmen Sie die Konturpunkte für das nebenstehende Drehteil und tragen Sie diese in die folgende Tabelle ein.

Punkt	X	Z
1		
2		
3		
4		
5		
6		
7		
8		
9		

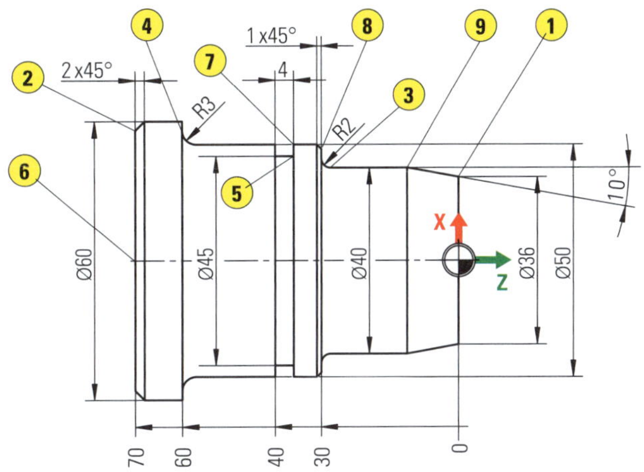

2. Ermitteln Sie die Konturpunkte für das dargestellte Frästeil und tragen Sie diese in die folgende Tabelle ein.

Punkt	X	Y	Z
1			
2			
3			
4			
5			
6			
7			
8			
9			

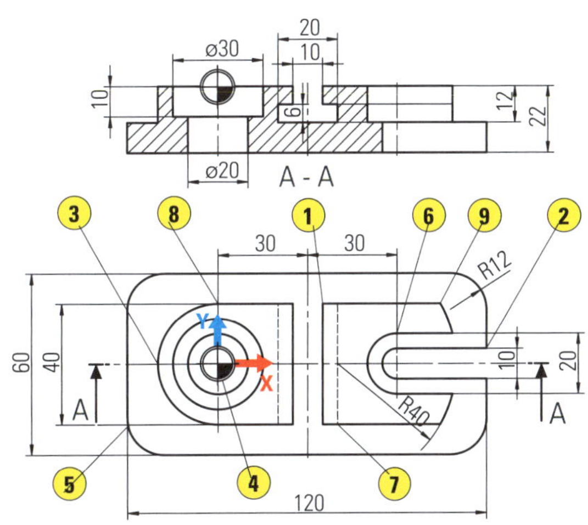

Name:	Klasse:	Datum:

Steuerungsarten

1. Benennen Sie die Steuerungsarten und tragen Sie stichpunktartig die Kennzeichen der jeweiligen Steuerungsart in die folgende Tabelle ein.

Steuerungart	Kennzeichen	Bild
		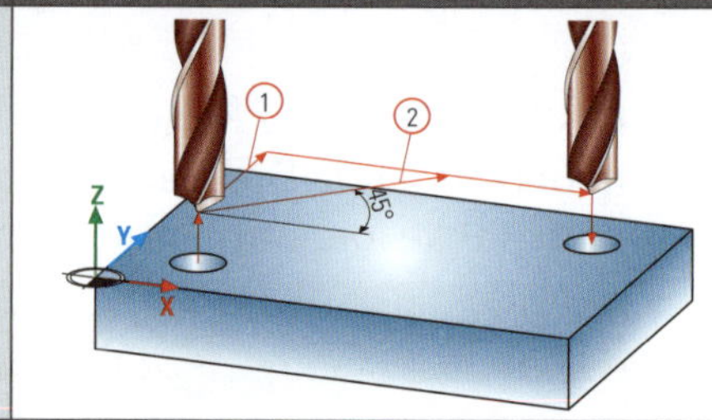
		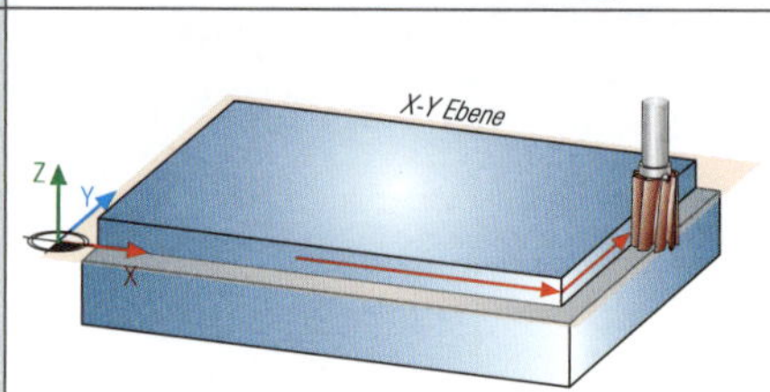
		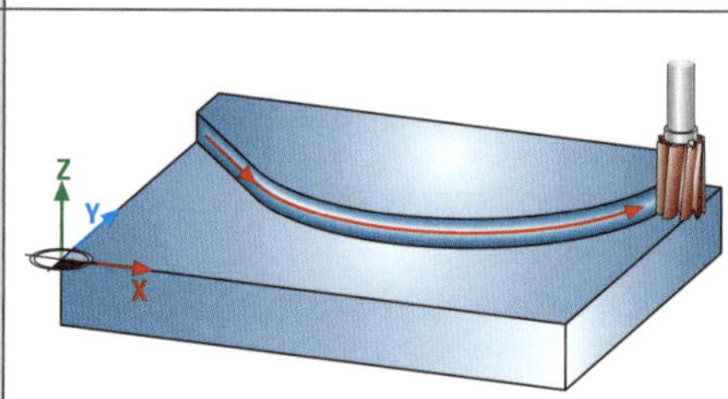
		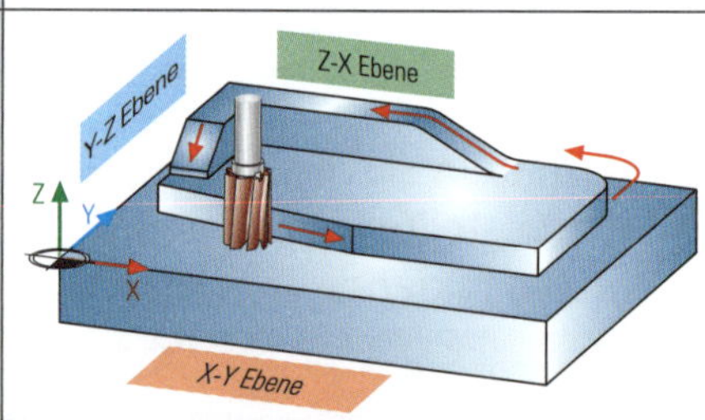
		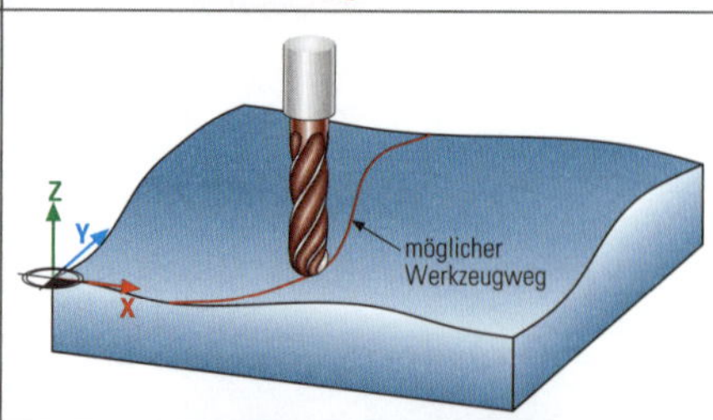
		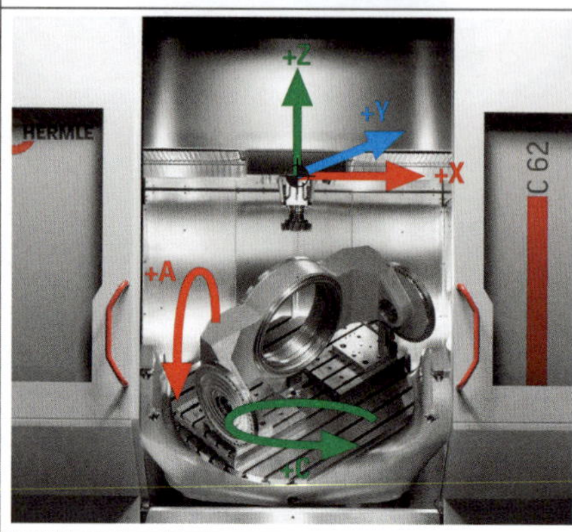

Name:	Klasse:	Datum:

Baueinheiten

Hauptantriebe

1. Nennen Sie drei Hauptaufgaben, die ein Hauptantrieb einer CNC-Maschine erfüllen muss.

2. Beschreiben Sie je einen Vor- und Nachteil des dargestellten elektromechanischen Hauptantriebs.

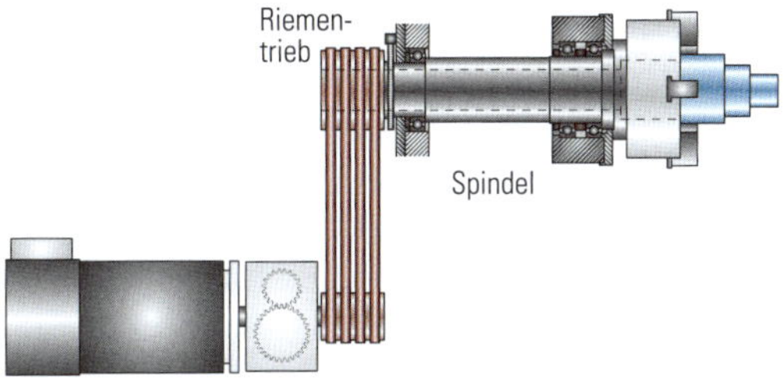

3. Beschreiben Sie die Funktionsweise des nebenstehenden Direktantriebs und geben Sie zwei Vorteile an.

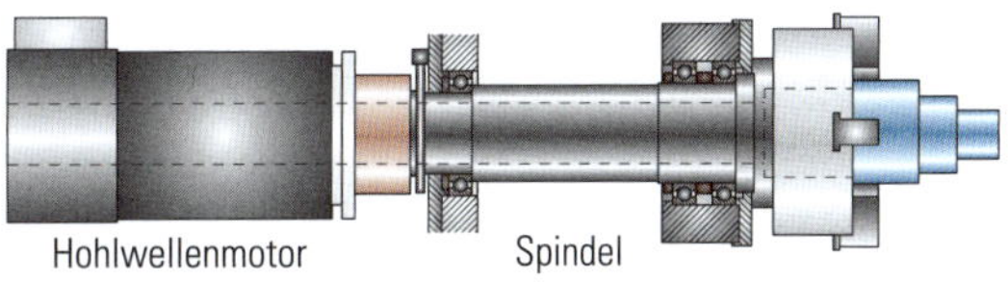

4. Erläutern Sie den Aufbau der dargestellten Motorspindel und geben Sie je einen Vor- und Nachteil gegenüber der vorherigen Antriebsvariante an.

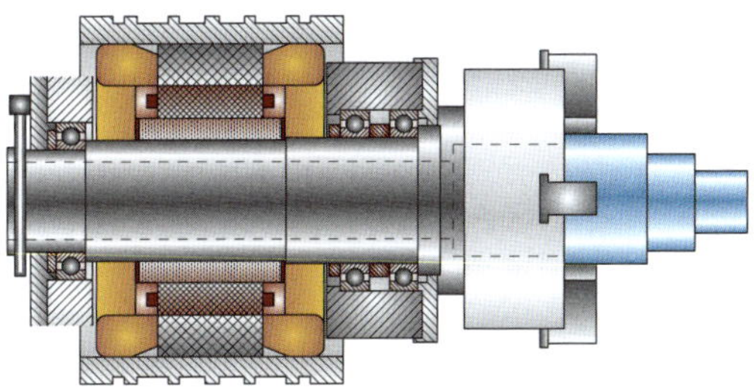

5. Welche Motoren werden hauptsächlich für den Hauptantrieb von CNC-Maschinen genutzt und was sind die Gründe dafür[1]?

1 siehe auch Fachkenntnisse Industriemechaniker Seite 407 ff.

Name:	Klasse:	Datum:

Vorschubantriebe

6. Benennen Sie in der folgenden Tabelle die gekennzeichneten Elemente des nebenstehenden elektromechanischen Vorschubantriebs.

Nr.	Element
1	
2	
3	
4	
5	
6	
7	

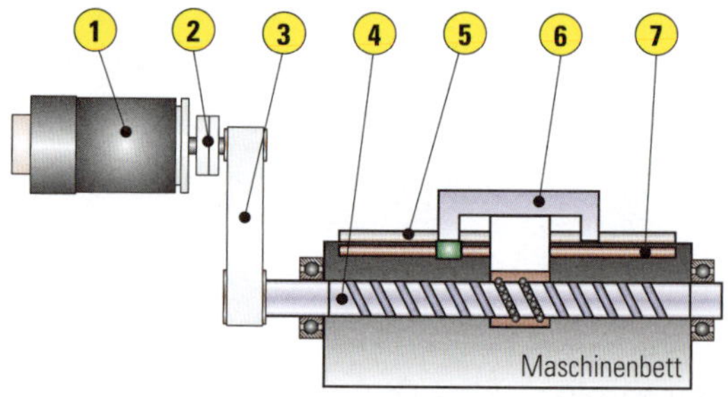

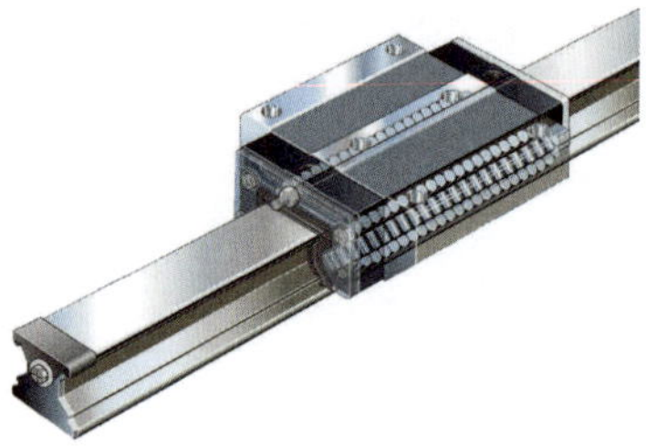

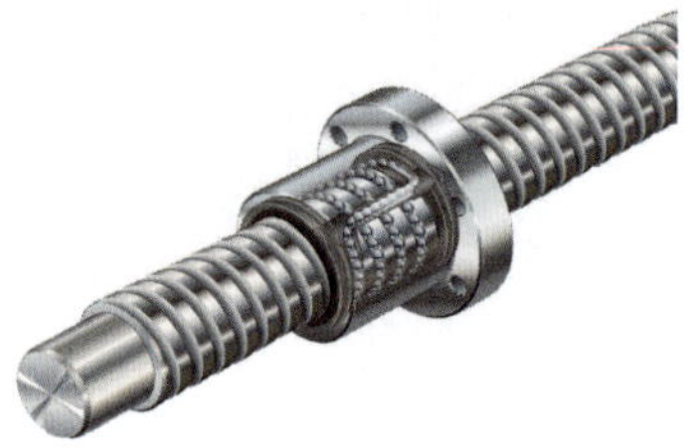

7. Nennen Sie drei gemeinsame Gründe für die Verwendung von linearen Wälzlagerführungen und Kugelgewindetrieben bei elektromechanischen Vorschubantrieben.

8. Welcher Motorentyp wird für den Vorschubantrieb gewählt? Nennen Sie dazu drei Vorteile.

9. Welche drei Vorteile hat der elektromechanische Vorschubantrieb?

10. Fügen Sie in die folgende Tabelle die Bezeichnungen für die Elemente des dargestellten Direktantriebs ein.

Nr.	Element
1	
2	
3	
4	

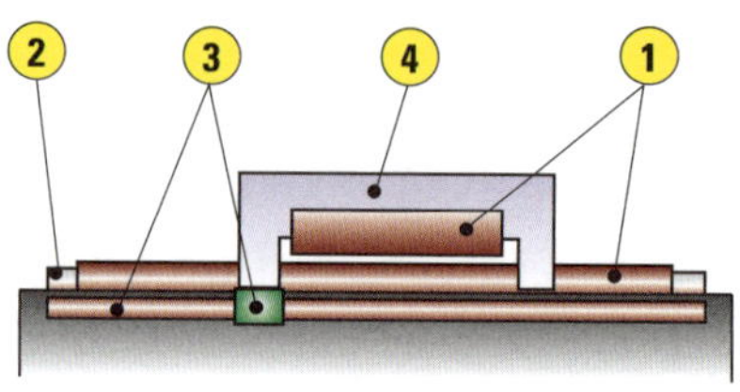

Name:	Klasse:	Datum:

11. Nennen Sie fünf Vorteile des Direktantriebs gegenüber dem elektromechanischen Vorschubantrieb.

Lage- und Geschwindigkeitsregelkreis

12. Beschreiben Sie mithilfe des nebenstehenden Bildes die Funktionen von
a) Lageregler und
b) Geschwindigkeitsregler.

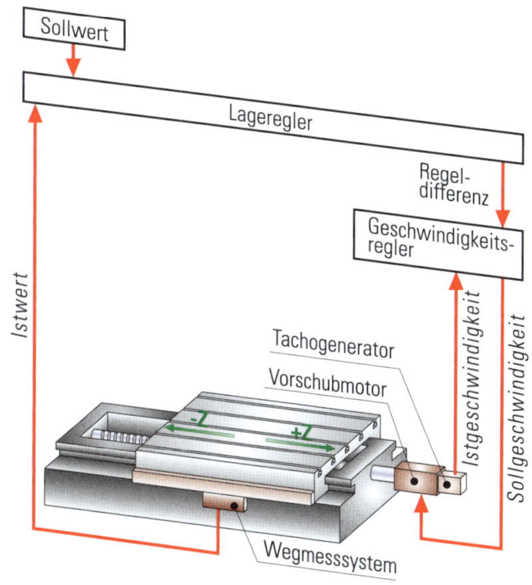

Direkte Wegmesssysteme

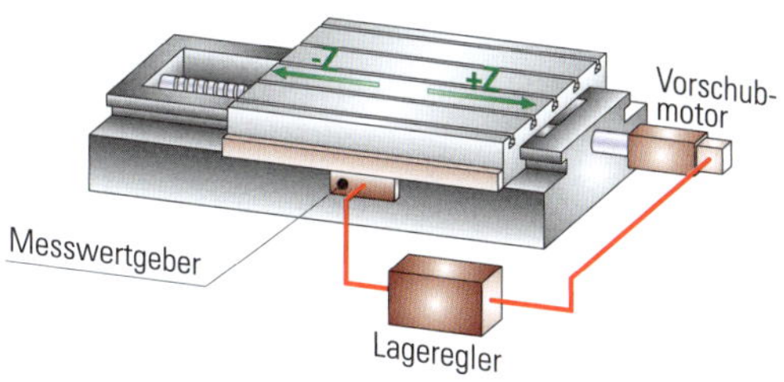

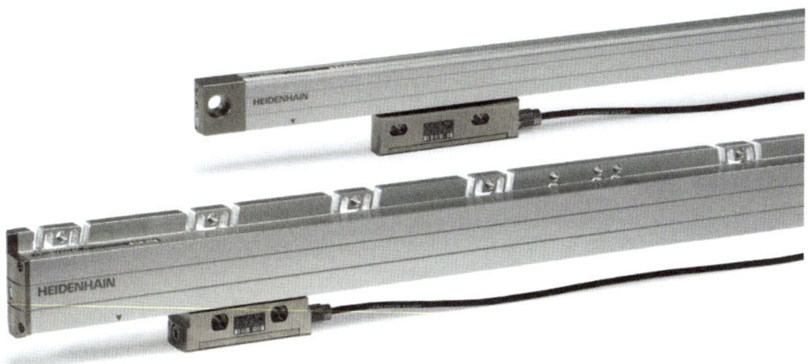

Merke

Bei der direkten Wegmessung wird der zurückgelegte Weg __________ gemessen.

13. Welche Vor- und Nachteile hat ein direktes Wegmesssystem gegenüber einem indirekten?

Name:	Klasse:	Datum:

S. 2

Indirekte Wegmesssysteme

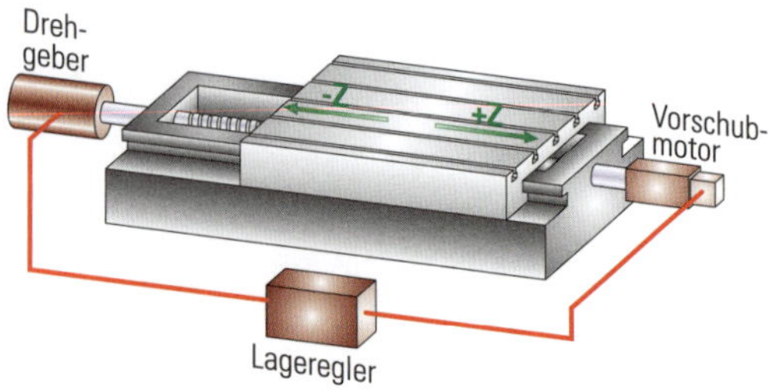

Merke

Die indirekte Wegmessung schließt vom ______________ unter Berücksichtigung der ____________________ auf den zurückgelegten Weg.

Inkrementale Wegmesssysteme

14. Wie erfasst das nebenstehende Wegmesssystem nach dem Anschalten der CNC-Maschine die Position im Maschinenkoordinatensystem?

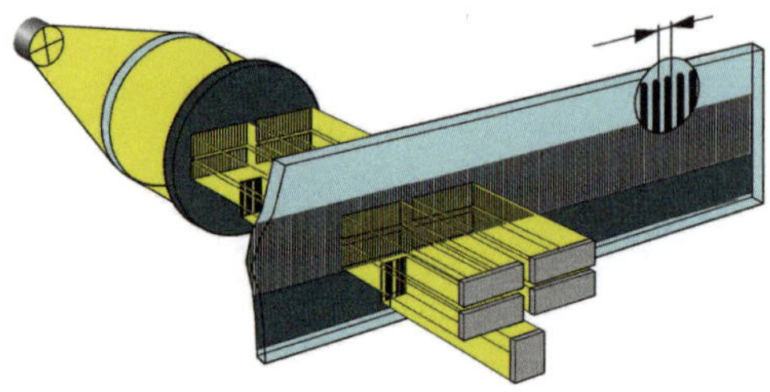

Absolute Wegmesssysteme

15. Wie erfasst das nebenstehende absolute Wegmesssystem nach dem Anschalten der CNC-Maschine die Position im Maschinenkoordinatensystem?

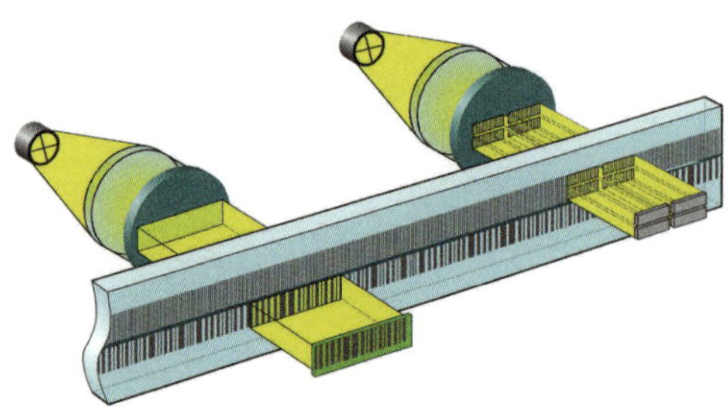

Name:	Klasse:	Datum:

CNC-Grundlagen

Merke

Das CNC-Programm muss alle Informationen beinhalten, die für die Bearbeitung des Werkstücks notwendig sind.

Es besteht aus einzelnen ____________________, die aus ____________ bestehen, welche aus einem ______________________ und einer ______________ bestehen.

1. Markieren Sie in dem nebenstehenden CNC-Programm folgende Programmteile farbig

a) Geometrische Informationen: Rot

b) Technologische Informationen: Grün

c) Zusatzinformationen: Gelb

d) Programmtechnische Informationen: Blau

```
N10 G90
N20 G54
N30 G17
N40 T10 M6
N50 G0 Z50 F250 S3000 M13
N60 G0 X60 Y20 Z2
N70 G1 Z-10
N80 G1 X100
N90 G3 X100 Y100 I0 J40
N100 G1 X60
N110 G3 X60 Y20 I0 J-40
N120 G0 Z50
N130 M30
```

2. Erklären Sie die G-Funktionen in der folgenden Tabelle.

G-Funktion	Bedeutung
G0	
G1	
G2	
G3	
G90	
G91	
G17	

3. Tragen Sie in die Tabelle die kartesischen Koordinaten in X und Y unter der Voraussetzung ein, dass der Fräser zu Beginn im Punkt P0 steht und im CNC-Programm vorher G90 oder G91 stand.

Punkt	G90		G91	
1				
2				
3				
4				
5				
6				

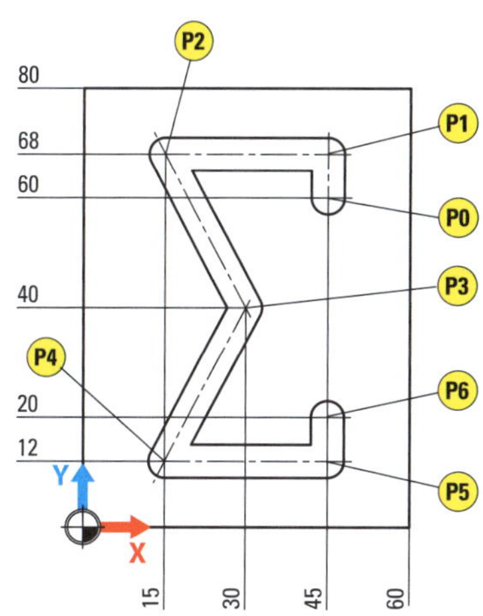

Name:	Klasse:	Datum:

4. Geben Sie in der folgenden Tabelle die kartesischen und Polarkoordinaten für die Punkte P1 bis P9 der Bohrungen an.

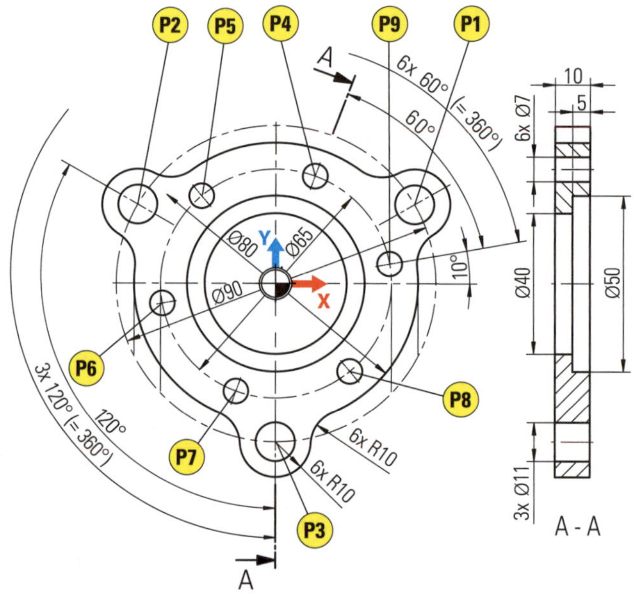

Punkt	X in mm	Y in mm	Winkel in Grad	Radius in mm
1				
2				
3				
4				
5				
6				
7				
8				
9				

5. Welche Auswirkungen ergeben sich für die Vorschubangabe, wenn die folgenden Wörter hintereinander in einem CNC-Programm auftreten?

G94 und F300	
G95 und F0.8	

6. Welche Auswirkungen ergeben sich für die Umdrehungsfrequenz, wenn die folgenden Wörter hintereinander in einem CNC-Programm auftreten?

G97 und S4000	
G96 und S300	

Name:	Klasse:	Datum:

Arbeitsplanung

Von dem dargestellten Lagerbolzen sind acht Stück aus 50CrMo4 auf einer CNC-Drehmaschine herzustellen. Die zur Verfügung stehenden Rohlinge haben einen Durchmesser von 35 mm und eine Länge von 83 mm.

1. Planen Sie die Bearbeitung für die erste Aufspannung des Lagerbolzens, wobei der linke Teils des Langerbolzens einschließlich Ø32h11 zerspant werden soll.

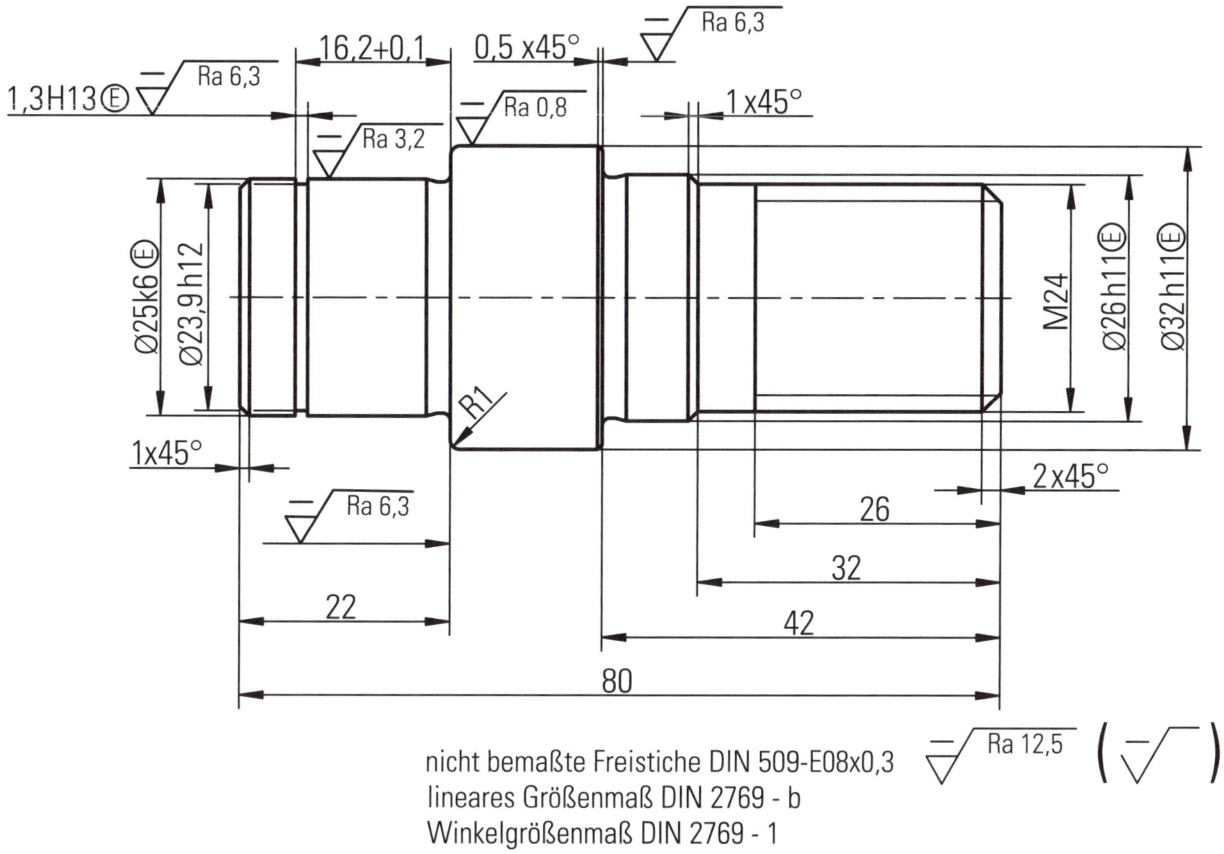

Bearbeitungsschritt	Werkzeug	Spannmittel	Technologische Daten
Planen der Stirnfläche	T1 Linker Eckdrehmeißel $\kappa = 95°$, $\varepsilon = 80°$, P25	Dreibackenfutter harte Backen	$v_c = 200$ m/min $f = 0{,}2$ mm

Name:	Klasse:	Datum:

S. 2

Manuelle Programmierung

1. Füllen Sie die Lücken bei den CNC-Sätzen bzw. bei den Erklärungen für die erste Aufspannung auf.

CNC-Satz	Erklärung
N10	Nullpunktaktivierung auf Stirnfläche des Drehfutters
N20 G59 ZA82.5	Inkrementale Nullpunktverschiebung
N30	Anfahren des Werkzeugwechselpunktes
N30 G14 T1 TC1 M4	
N40	Vorschub in mm/Umdrehung
N50 G96 S200 F0.2	
N60	Drehzahlbegrenzung auf 4000/min
N70 G0 Z0 X38	
N80 G1 M8	über Drehmitte fahren (Schneidenradius 0,8 mm)
N90 G0 X36 Z2 F0.2	
N100	Längschruppzyklus, Zustellung = 4 mm, Konturaufmaß = 0,5 mm
N110 G0 X19 Z2	
N120	Konturprogrammierung rechts der Kontur
N130	Geradeninterpolation auf Fasenende
N140 G1	Geradeninterpolation bis Beginn des Freistiches
N150 G1 X24.6	Schräge des Freistiches
N160 G1	Ende des Freistiches
N170 G1	Geradeninterpolation bis Radiusbeginn
N180 G3 X31.920 Z-23 I0	Hilfsparameter für Z
N190 G1 Z-42	Ende der Durchmesserbearbeitung 32h11
N200 G1 X38	
N210	Ende der Konturprogrammierung

Name:	Klasse:	Datum:

N220	Ende des Bearbeitungszyklus
N230 G14	Anfahren des Werkzeugwechselpunktes
N240 T2 TC1 F0.15 S250	
N250 G23 N110 N210	
N260 G14	Anfahren des Werkzeugwechselpunktes
N270 T3 TC1 F0.05 S220	
N280 G0	Positionieren zum Einstechen
N290 G1	Einstechen
N300 G0	Zurückziehen
N310 G14	
N320	Programmende

2. Planen Sie die Bearbeitung für die zweite Aufspannung des Lagerbolzens.

Bearbeitungsschritt	Werkzeug	Spannmittel	Technologische Daten

Name:	Klasse:	Datum:

3. Füllen Sie die Lücken bei den CNC-Sätzen bzw. bei den Erklärungen für die zweite Aufspannung auf.

CNC-Satz	Erklärung
N10 G54	
N20 G59 ZA82	Inkrementale Nullpunktverschiebung
N30	Anfahren des Werkzeugwechselpunktes
N40	Vorschub in mm/Umdrehung, $f = 0{,}2$ mm
N50	Konstante Schnittgeschwindigkeit, $v_c = 250$ m/min
N60	Drehzahlbegrenzung auf 4000/min
N70	Einwechseln von T1, Spindel im Gegenuhrzeigersinn
N80	Startpunkt für Längsschruppzyklus
N90	Plandrehen der Stirnfläche
N100	Startpunkt für Längsschruppzyklus
N110	Längschruppzyklus, Zustellung = 4 mm, Aufmaß = 0,5 mm
N120	Startpunkt für Längsschruppzyklus
N130	Konturprogrammierung rechts der Kontur
N140	Geradeninterpolation auf Fasenende, $f = 0{,}3$ mm
N150	Geradeninterpolation bis Ende Gewindeschaft
N160	Geradeninterpolation bis Fasenende
N170	Geradeninterpolation bis Beginn des Freistiches
N180	Geradeninterpolation der Freistichschräge
N190	Geradeninterpolation bis Ende des Freistiches
N200	Geradeninterpolation bis Fasenanfang
N210	Gradeninterpolation für Fase und Überlauf
N220	Ende der Konturprogrammierung

Name:	Klasse:	Datum:

N230	Ende des Bearbeitungszyklus
N240	Anfahren des Werkzeugwechselpunktes
N250	Einwechseln von T2, $v_c = 250$ m/min, $f = 0{,}15$ mm
N260	Schlichten der Kontur
N270	Anfahren des Werkzeugwechselpunktes
N280	Einwechseln von T4, Spindel im Uhrzeigersinn
N290	Konstante Umdrehungsfrequenz $n = 800$/min
N300	Startpunkt für Gewindedrehzyklus
N310	Gewindedrehzyklus M24, 10 Schnitte
N320	Anfahren des Werkzeugwechselpunktes
N330	Programmende

Werkstattorientierte Programmierung

1. Beschreiben Sie stichpunktartig die werkstattorientierte Programmierung (WOP).

2. Nennen Sie vier Vorteile der werkstattorientierten Programmierung.

Name:	Klasse:	Datum:

CAD-CAM

Merke

Computer Aided Design (CAD) steht für ______________________________.

Computer Aided Manufacturing (CAM) bedeutet ______________________________.

1. Wie entstehen die CNC-Sätze mithilfe eines CAD-CAM-Systems?

Einrichten und Vermessen der Werkzeuge

1. Nennen Sie drei Punkte, die beim Einsetzen der Drehwerkzeuge in den Werkzeugrevolver zu beachten sind.

2. Beschreiben Sie zwei Möglichkeiten, zur Ermittlung der Werkzeugkorrekturwerte für Drehwerkzeuge.

3. In den Werkzeugkorrekturspeicher ist die Lage der Schneidenspitze durch eine Zahl von 1 bis 9 einzugeben, damit die Steuerung bei Bahnkorrektur die Äquidistante berechnen kann. Welche Zahl ist für das Werkzeug T1 (linker Seitendrehmeißel) einzugeben?

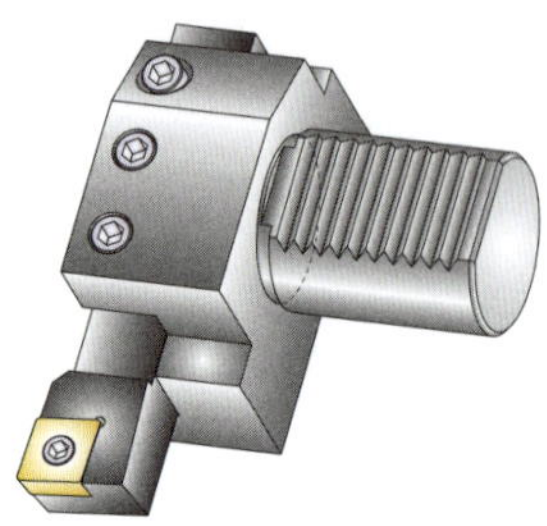

Name:	Klasse:	Datum:

Arbeitsplanung

Die dargestellte Abdeckplatte aus C60 ist auf einer CNC-Fräsmaschine herzustellen. Dazu steht ein Rohling von 160 x 120 x 24 mm zur Verfügung.

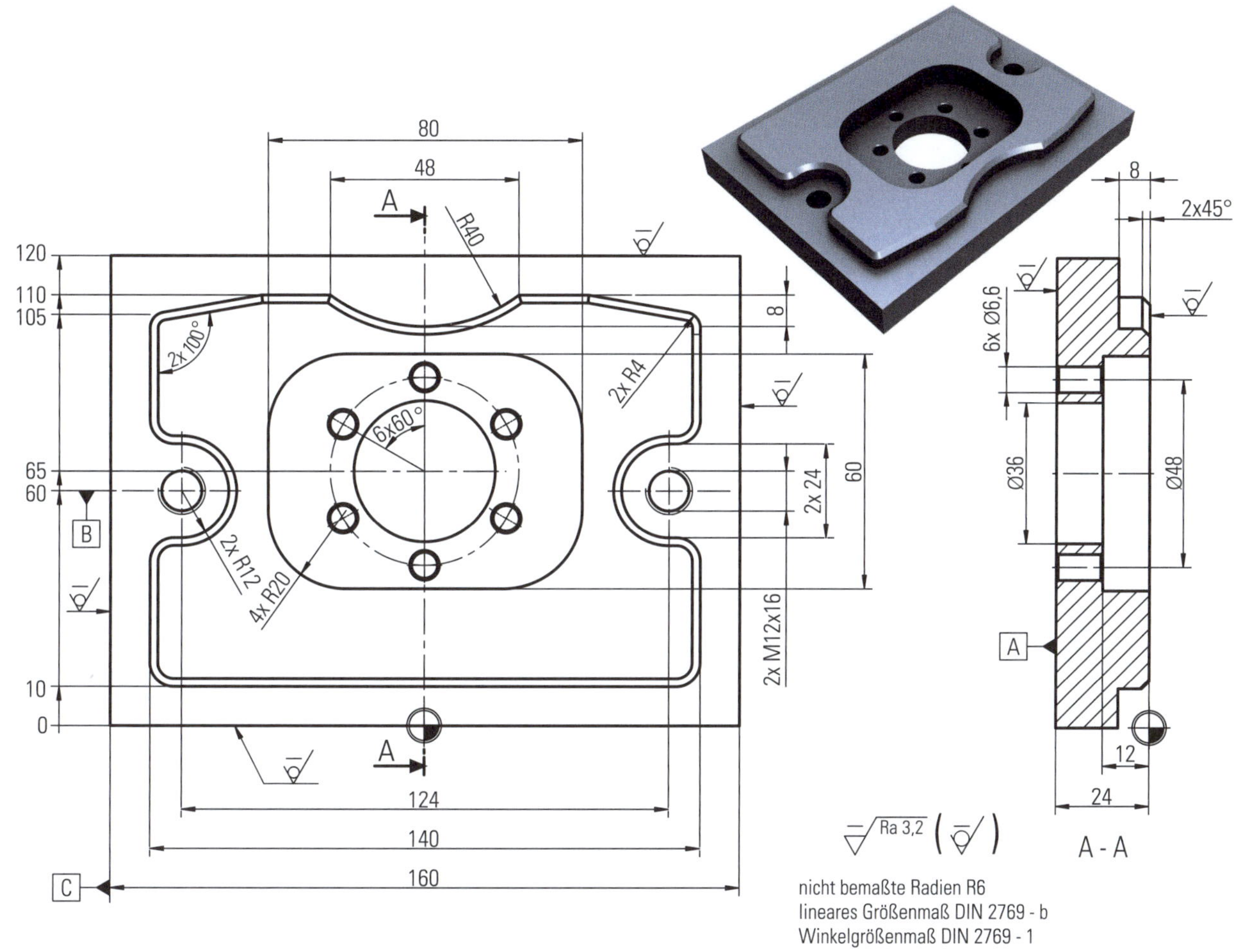

1. Erstellen Sie den Bearbeitungsplan einschließlich der technologischen Daten mit folgenden Werkzeugen. Die Konturen sind zunächst mit einem radialen und axialen Aufmaß von 0,5 mm zu schruppen und anschließend mit dem gleichen Werkzeug zu schlichten.

T1: Schaftfräser Ø20, 4 Schneiden, Vollhartmetall
TC1 mit R10,00, L118,200;
TC2 mit R10,500, L118,700

T2: Entgrater Ø16, 2 Schneiden, Vollhartmetall

T3: NC-Anbohrer, Ø16, 2 Schneiden, HSS

T4: Spiralbohrer, Ø10,2, Vollhartmetall

T5: NC-Anbohrer, Ø10, 2 Schneiden, HSS

T6: Spiralbohrer, Ø6,6, Vollhartmetall

T7: Gewindebohrer M12, HSS

Name:	Klasse:	Datum:

S. 27

Bearbeitungsschritt	Werkzeug	Technologische Daten

Name:	Klasse:	Datum:

Manuelle Programmierung

1. Füllen Sie die Lücken bei den CNC-Sätzen bzw. bei den Erklärungen auf.

N10	Absolute Maßangabe
N20	Aufruf der gespeicherten NP-Verschiebung
N30	Wahl der X-Y-Bearbeitungsebene
N40 T1 M6	Aufruf T1 mit Werkzeugkorrekturspeicher 2
N50 G0 Z50 F700 S3000 M3 M8	Eilgang auf Sicherheitsabstand Z50
N60 G0 X-100 Y-30 Z-8	Positionierung für Außenkontur
N70	Konturprogrammierung, links
N80 G0	Anfahren der Kontur
N90 G1 Y42	senkrechte Gerade
N100 X-64 Y48 J0	Radius R6
N110 G1 X-62	2 mm lange waagrechte Gerade
N120 X-62 Y72 I0	Kreisbogen R12
N130 G1 X-70	waagrechte Gerade mit Übergang R6
N140 G1 RN4	senkrechte Gerade mit Übergang R4
N150 G1 Y110 AS	Schräge
N160 G1	waagrechte Gerade bis zum Beginn von R40
N170 X24 Y110	Radius R40
N180 G1	waagrechte Gerade bis Beginn der Schräge
N190 X70 AS RN	Schräge mit Übergangsradius R4
N200 G1 RN6	senkrechte Gerade mit Übergangsradius R6
N210 G1	2 mm lange waagrechte Gerade
N220 X62 Y48 IA JA	Kreisbogen R12
N230 G1 RN6	waagrechte Gerade mit Übergangsradius R6

Name:	Klasse:	Datum:

S. 2

N240 G1 ____ RN6	senkrechte Gerade mit Übergangsradius R6
N250 G1 X-64	waagrechte Gerade bis Anfang R6
N260 ____ X-70 Y16 I0 ____	Kreisbogen R6
N270 ____ XI- ____ YI ____ R ____	Abfahrradius R30
N280 ____	Ende der Konturprogrammierung
N290 TC ____ F730 S3700	T1 mit Werkzeugkorrekturspeicher 1
N300 ____ N ____ N ____	Schlichten der Außenkontur
N310 G0 Z50	Eilgang auf Sicherheitsabstand
N320 ____ ZI-12 LP ____ BP ____ D6 V2 RN ____ AK ____ AL ____ EP0 AE2 DH3 O2 Q1 H14	Schruppen und Schlichten der Rechtecktasche mit Aufmaß 0,5 mm
N330 ____ X0 ____ Z0	Zyklusaufruf der Rechtecktasche
N340 ____ ZI-13 R18 D8 V2 ____ AL0 AE2 DH4 O2 Q2 H14	Schruppen und Schlichten der Kreistasche mit Aufmaß 0,5 mm
N350 G79 X0 Y65 ____	Zyklusaufruf der Kreistasche
N360 ____ Z50	Eilgang auf Sicherheitsabstand
N370 T2 TC1 F900 S4500 M6	Aufruf T2 mit Werkzeugkorrekturspeicher 1
N380 G0 Z50	Eilgang auf Sicherheitsabstand
N390 G0 X-80 Y-20 Z-2	Positionierung für 2x45°-Fase
N400 ____ N70 N280	Fasen der Außenkontur
N410 T3 TC1 M6	Aufruf T3 mit Werkzeugkorrekturspeicher 1
N420 G0 Z50 F160 S530	Eilgang auf Sicherheitsabstand
N430 ____ ZI-7 V2 W14	Bohrzyklus für Zentrierung M12
N440 ____ ____ Y60 ____	Zyklusaufruf des Bohrzyklus, links
N450 G79 ____ Y60 Z-8	Zyklusaufruf des Bohrzyklus, rechts
N460 T4 TC1 M6	Aufruf T4 mit Werkzeugkorrekturspeicher 1
N470 G0 Z50 F640 S2600	Eilgang auf Sicherheitsabstand

Name:	Klasse:	Datum:

N480 G81 ZI-20 V2 W14	Bohrzyklus für Kernloch M12
N490 G23 N N	Wiederholung der Zyklusaufrufe
N500 T5 TC1 M6	Aufruf T5 mit Werkzeugkorrekturspeicher 1
N510 G0 Z50 F200 S800	Eilgang auf Sicherheitsabstand
N520 G81 ZI-5 V2 W16	Bohrzyklus zum Zentrieren der Bohrungen Ø6,6
N530 R AN AI O IA0 JA65 ZA	Lochkreiszyklusaufruf für Bohrungen Ø6,6
N540 T6 TC1 M6	Aufruf T6 mit Werkzeugkorrekturspeicher 1
N550 G0 Z50 F350 S5000	Eilgang auf Sicherheitsabstand
N560 ZI V2 W16	Bohrzyklus für Bohrungen Ø6,6
N570 R24 AN30 AI60 O6 IA0 JA65 ZA-12	Lochkreiszyklusaufruf für Bohrungen Ø6,6
N580 T7 TC1 M6	Aufruf T7 mit Werkzeugkorrekturspeicher 1
N590 G0 Z50	Eilgang auf Sicherheitsabstand
N600 ZI-25 F V5 W15	Gewindebohrzyklus für M12
N610 G23 N N	Wiederholung der Zyklusaufrufe
N620 G0 Z50	Eilgang auf Sicherheitsabstand
N630 T0 M6	Werkzeug auf Arbeitsspindel entnehmen
N640	Programmende

CAD-CAM

1. Kreuzen Sie in der folgenden Tabelle die Tätigkeiten an, die die Fachkraft bei der manuellen bzw. CAD-CAM-Programmierung durchführen muss.

Tätigkeit	manuell	CAD-CAM
Daten aus CAD-Programm übernehmen		
Bearbeitungsschritte festlegen		
Werkzeuge und technologische Daten bestimmen		
Jede Werkzeugbewegung programmieren		
Bereiche am 3D-Modell für Bearbeitungsstrategien auswählen		
Postprozessorlauf durchführen		

Name:	Klasse:	Datum:

S. 27

Einrichten der Maschine

1. Nennen Sie die wesentlichen Schritte zum Einrichten der Werkzeugmaschine.

2. Wie würden Sie den Rohling für die Abdeckplatte (siehe Seite 99) spannen?

3. Beschreiben Sie, wie Sie den Werkstücknullpunkt für die Abdeckplatte (siehe Seite 99) festlegen.

4. Beschreiben Sie die Längenbestimmung eines Schaftfräsers mithilfe eines Probeschnittes.

Name:	Klasse:	Datum:

5. Es wird ein Zapfen von Ø100 mm und 20 mm Höhe im Gleichlauf mit G41 gefräst werden. Der Fräser für die Bearbeitung hat im Werkzeugkorrekturspeicher einen Radiuswert von 9,980 mm und eine Länge von 112,876 mm. Nach der Bearbeitung hat der Zapfen eine Höhe vom 19,95 mm und einen Durchmesser von 100,150 mm. Begründen Sie, wie die Werte im Werkzeugkorrekturspeicher des Fräsers geändert werden müssen, damit der Zapfen die gewünschten Maße erhält.

6. Nennen Sie zwei weitere Möglichkeiten zur internen Werkzeugmessung.

7. Beschreiben Sie das Erfassen der Werkzeugkorrekturdaten mithilfe eines Werkzeugvoreinstellgerätes und die Übertragung der Daten in den Werkzeugkorrekturspeicher.

Name:	Klasse:	Datum:

8. Wie funktioniert eine variable Platzcodierung und welche Auswirkungen hat sie für die Eingaben im Werkzeugkorrekturspeicher?

Prüfen und Optimieren des Zerspanungsprozesses

In der Serienfertigung erfolgt nach der Fertigung des ersten Werkstücks seine Überprüfung und anschließend die Optimierung des Prozesses.

1. Welche Werkstückeigenschaften würden Sie bei der Abdeckplatte (siehe Seite 99) womit prüfen?

2. Zeigen Sie Möglichkeiten auf, um das Produkt und den Prozess zur Herstellung der Abdeckplatte zu optimieren.

Name:	Klasse:	Datum:

Vorbereitungen zur Instandsetzung

Merke

Die Instandsetzung erfordert wie auch die Wartung oft eine entsprechende Inspektion. Das Ziel der Instandsetzung ist es, die Funktionsfähigkeit eines technischen Systems ______________________. Dabei gehören zur Instandsetzung die beiden Teilmaßnahmen ______________ und ______________.

1. Nennen Sie drei Vorkehrungen, die vor jeder Instandsetzungsmaßnahme mit Bezug auf die Sicherheit bei den anstehenden Tätigkeiten getroffen werden müssen.

2. Jede Instandsetzungsmaßnahme muss unter Berücksichtigung der betrieblichen und wirtschaftlichen Anforderungen stattfinden. Welche zwei Bedeutungen hat das für Sie als durchführende Person der Instandsetzungsmaßnahmen?

3. Nennen Sie Instandsetzungsbeispiele und -tätigkeiten aus Ihrer betrieblichen Erfahrung. Welche davon haben Sie schon selbst durchgeführt?

Name:	Klasse:	Datum:

4. Die folgenden Bilder zeigen Instandsetzungsmaßnahmen. Benennen Sie die Instandsetzungsmaßnahme und mögliche Fehlerursache.

Beispiel	Instandsetzungsmaßnahme	Mögliche Fehlerursache
 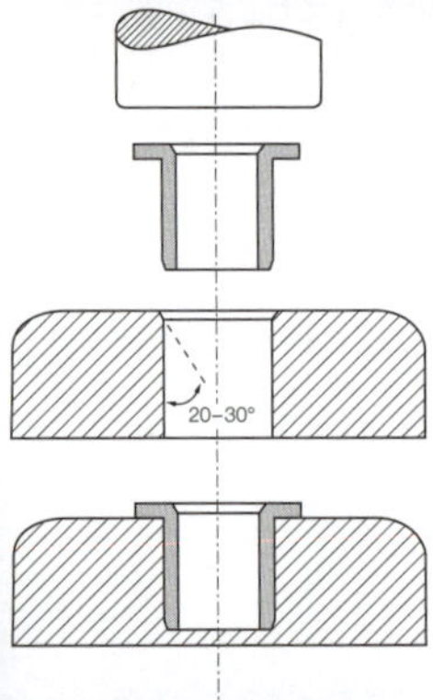	einer	
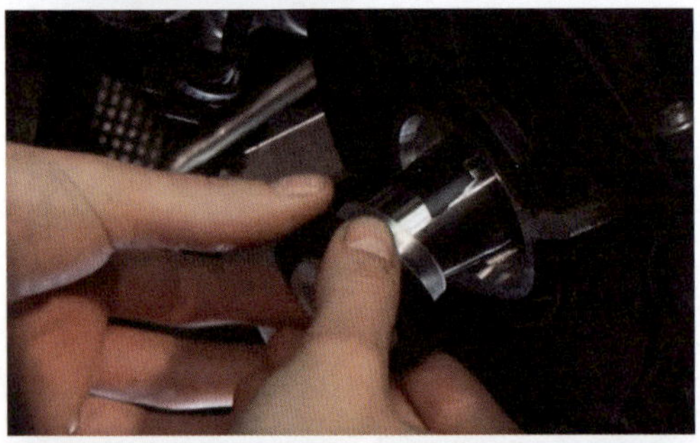	eines	
	eines Gewindes mithilfe eines	
	einer Gehäuseabdeckung durch	

Name:	Klasse:	Datum:

Instandsetzungsstrategien

1. Es gibt grundlegend zwei Instandsetzungsstrategien. Benennen und erläutern Sie diese kurz.

Fehlersuchstrategien

1. Um die Ausfallkosten bei plötzlichem Stillstand einer technischen Vorrichtung so gering wie möglich zu halten, ist ein systematisches Vorgehen bei der Instandsetzung notwendig.

a) Nennen Sie die Schlagworte für die Arbeitsschritte in der richtigen Reihenfolge, die bei einer störungsbedingten Instandsetzung hintereinander ablaufen.

Störungsdiagnose →

b) Benennen Sie die Fragen, die während dem störungsbedingten Instandsetzungsablaufs zwischen den Tätigkeiten aus Aufgabe a) beantwortet werden müssen.

Nach der Fehlersuche:

Nach der Instandsetzung:

2. Nennen Sie mindestens fünf Bereiche, denen die Ursachen für eine Störung einer technischen Vorrichtung zugewiesen werden können.

Merke

Um Instandsetzungsmaßnahmen erfolgreich durchzuführen, muss die Fachkraft umfassend beobachten, zielorientiert überlegen und fachgerecht handeln können. Nur unter diesen Bedingungen lässt sich einer Fehlersuchstrategie umsetzen.

Name:	Klasse:	Datum:

3. Der erste Schritt bei der Beseitigung einer Störung ist die ___ . Dabei wird festgestellt, dass der ___ einer technischen Vorrichtung nicht dem ___ entspricht.

4. Benennen und ordnen Sie die abgebildeten Fehlermerkmale den vier üblichen Teilbereichen einer technischen Anlage zu. Nennen Sie zusätzlich eine mögliche Fehlerursache.

Teilbereich	Fehlermerkmal	Mögliche Fehlerursache
Mechanik	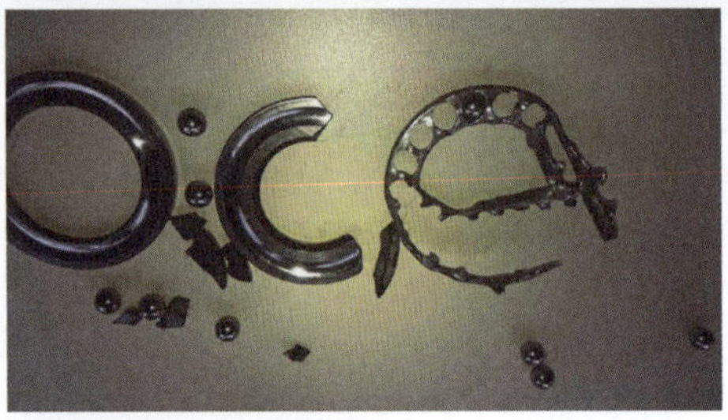 Wälzlager defekt	Überlastung
___	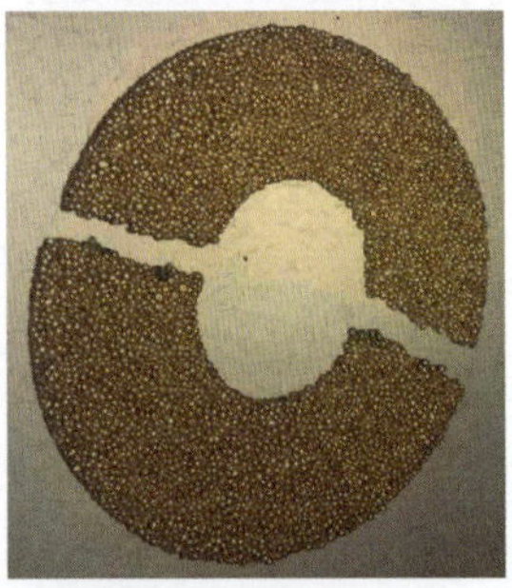 Schalldämpfer an 5/2 Wegeventil ___	___
___	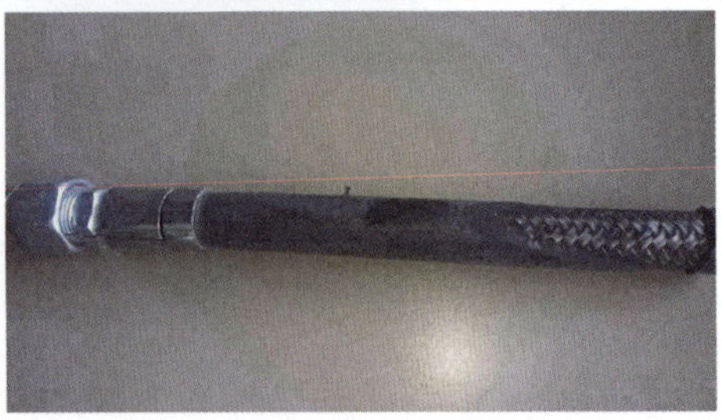 Ummantelung Hydraulikschlauch ___	___
___	 ___	___

Name:	Klasse:	Datum:

5. Welche Hilfen kann die Fachkraft nutzen, wenn die Fehlersuche ergibt, dass der Fehler dem Bereich der Mechanik zuzuordnen ist? Erläutern sie den Nutzen des Hilfsmittels kurz.

6. Gesamtzeichnungen können sehr viele Informationen enthalten und Bauteile abbilden. Für eine gezielte Fehlersuche ist es daher unbedingt ratsam, dass …

7. Mit welchen Angaben können in der Regel Ersatzteile beim Hersteller einer Maschine bestellt werden?

Grunddaten	Maschinenkarte für Weiler - Drehmaschine			Inventar-Nr.
	Benennung	Baujahr 2018	Masch.-Gruppe	Kostenstelle
	Präzisions - Drehmaschine	Liefer-Tag	Bestell-Nr.	
	Typ Commodor 230 VCD Masch.-Nr. NJ01	Liefer-Nr.		Internes Kennzeichen
	Hersteller WEILER Werkzeugmaschinen	Inbetriebn.		
	Lieferer	Standort		

Technische Daten				Zubehör / Sondereinrichtungen
Arbeitsbereich				
Spitzenhöhe	230 mm	Spitzenweite	1000 mm	
max. Drehlänge		1000 mm		
max. Umlauf - ∅ üb. Bett		475 mm		
max. Umlauf - ∅ üb. Planschlitten		270 mm		
max. Umlauf - ∅ in der Kröpfung		-		
max. Werkstückgewicht (incl. Spannmittel)		180 kg		
Arbeitsspindel				
Spindelkopf nach DIN	55027 (DIN ISO 702-3)	Größe 6	Innenkegel: MK 6	
Spindel- ∅ im vord. Lager	90 mm	Spindelbohrung	56 mm	
Planscheiben - ∅	400 mm	max.Futter - ∅	250 mm	
max. Drehmoment	400 Nm			
Support Werkzeugsystem	Multi Suisse	Meißelquerschnitt 32 x32	mm	
Anzahl der Bettschlitten	1	Anzahl der Planschlitten	1	
Längshub	925 mm	Planhub	215 mm	
Reitstock				
Pinolenkegel	MK 4	Pinolen - ∅	70 mm	
max. Pinolenhub von Hand			150 mm	
max. Reitstockverschiebung von Hand	925 mm	Querverstellung	±10 mm	

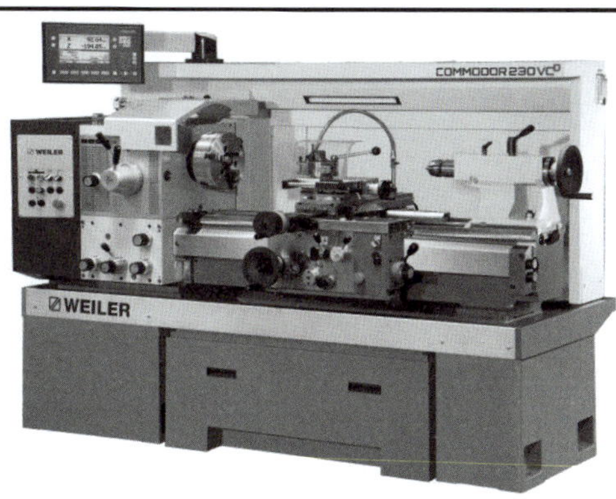

8. Warum ist es sinnvoll, die Ursachen für den Verschleiß eines Bauteils zu finden und eine Fehlerursachenanalyse durchzuführen? Nennen Sie drei Gründe.

Name:	Klasse:	Datum:

Dokumentation

1. Warum müssen alle während einer Instandsetzungsmaßnahme durchgeführten Arbeiten dokumentiert werden?

2. Bei der Dokumentation einer störungsbedingten Instandsetzungsarbeit werden folgende Punkte in einem Instandsetzungsprotokoll und/oder einer ______ (betriebsintern) oder in einem ______ (wenn Instandsetzung als Dienstleistung durchgeführt wird) festgehalten:

3. Wie werden bei Ihnen im Betrieb Instandsetzungsmaßnahmen dokumentiert?

Merke

Nach der Instandsetzungsmaßnahme ist es unbedingt eine Funktionskontrolle ______ der instandgesetzten technischen Anlage durchzuführen.

4. Bei einem Riementrieb kann eine hohe Belastung zu einer Gleitbewegung zwischen Riemen und Riemenscheibe führen. Dieses Phänomen nennt man ______. Er setzt die Lebensdauer des Riemens ______. Durch ______ der Vorspannkraft kann er vermieden werden.

Name:	Klasse:	Datum:

5. Erläutern Sie den Begriff Dehnschlupf.

6. Warum darf eine Drehzahländerung an einer Säulenbohrmaschine mit variablen Keilriemenscheiben nur bei laufender Maschine erfolgen?

7. Nennen Sie die drei Schritte, die bei der Überprüfung eines Breitkeilriemens nacheinander erfolgen müssen.

Instandhaltungskosten

1. Bei der Berechnung des Maschinenstundensatzes spielen auch die Instandhaltungskosten eine Rolle. Aus welchen Kosten setzen sich die Instandhaltungskosten zusammen?

2. Warum sind die Instandhaltungskosten oft nur mithilfe von Erfahrungswerten im Voraus ermittelbar?

Name:	Klasse:	Datum:

3. Auf welchen Zeitraum beziehen sich in einer Firma die Angaben von Instandhaltungskosten?

4. Nennen Sie Tätigkeiten der Instandhaltung, die in Ihrer Firma durchgeführt werden.

5. Die Kosten für die Instandsetzung einer Anlage lassen sich in verschiedene Posten aufgliedern. Benennen Sie die sechs Bereiche, deren Kosten die Gesamtkosten der Instandsetzung ausmachen.

6. Warum sind die Produktionsausfallkosten nur schwer zu bestimmen und werden daher überschlägig anhand einer einfachen Gleichung bestimmt? Führen Sie die Gleichung auf.

7. Versuchen Sie herauszufinden, ob die Instandhaltungsmaßnahmen in ihrem Betrieb durch betriebseigene Mitarbeiter oder durch externe Unternehmen durchgeführt werden und warum dies so ist.

Instandsetzungs- und Stillstandzeiten

1. Welche Konsequenzen kann das häufige Ausfallen einer technischen Anlage neben der Verursachung von hohen Instandsetzungskosten noch haben?

Name:	Klasse:	Datum:

2. Die Stillstandzeit einer technischen Anlage bei einer störungsbedingten Instandsetzung eines Bauteils der Anlage sind oftmals um ein Vielfaches größer als bei einer intervall- oder zustandsbedingten Instandsetzung. Woran liegt dies?

Merke

Bei geplanten Instandsetzungsmaßnahmen sollte die Stillstandzeit wesentlich __________ als bei ____________________ Instandsetzungen sein.

3. Ein Maschinenbediener meldet der betriebsinternen Instandhaltungsabteilung eine Störung an einer Spitzendrehmaschine. Während des Betriebs treten Pfeifgeräusche in Höhe des Spindelstocks auf. Die Frequenz der Pfeifgeräusche fällt und steigt mit der Drehzahl der Hauptspindel.

a) Nennen Sie mögliche Fehlerursachen für die Pfeifgeräusche.

b) Bei qualitativ hochwertigen Produkten wie dieser Spitzendrehmaschine sind häufig Bedienfehler oder ____________________ für eine Störung ausschlaggebend.

c) Benennen Sie die Art und Anzahl der für die Hauptspindel verwendeten Wälzlager (Zeichnung siehe folgende Seite).

Hauptspindel

Teilenummer 9.1138.01.05.11.00
Stücklistenstand 9.1138.01.05.11.00
Stücklistenstand 17.030

195	5.0101.25.10.05.12	ZYL.-SCHRAUBE ISO 4762-M5X12-8.8	6 ST
196	0.1138.01.05.03.00	ZAHNRAD Z=64X3	1 ST
201	5.0101.25.10.10.25	ZYL.-SCHRAUBE ISO 4762-M10X25-8.8	6 ST
202	0.2138.01.03.03.00	DICHTUNG AUS PERB 65	1 ST
203	5.0103.13.20.06.08	GEWINDESTIFT ISO 4026-M6X8-45H	2 ST
204	0.2138.01.03.12.01	LAGERDECKEL HINTEN	1 ST
205	5.0131.12.40.40.75	ZYL.-ROLLGR. DIN 5412-NN3015ASK.	1 ST
206	0.2138.01.03.33.01	LAGERDECKEL VORN	1 ST
207	5.0123.10.10.06.20	PASSFEDER DIN 6885-A6X6X20	2 ST
211	5.0123.10.11.18.10	PASSFEDER DIN 6885-A18X11X110	1 ST
212	0.2138.01.03.20.00	KREUZLOCHMUTTER	1 ST
213	5.0103.13.20.06.12	GEWINDESTIFT ISO 4026-M6X12-45H	2 ST
214	0.2138.01.03.29.00	BLENDE	1 ST
216	0.2138.01.03.32.01	LABYRINTHRING	1 ST
217	5.0106.50.80.00.50	VULKOLANPLAETTCHEN RD5X3	2 ST
218	0.2138.01.03.31.00	WELLE 3 HAUPTSPINDEL	1 ST
219	5.0131.29.99.90.90	GAMET-LAGER 117090/117/	1 ST
220	0.1242.01.03.08.01	NUTMUTTER M90X1,5	2 ST
224	0.1242.01.03.13.00	BAJONETTSCHEIBE DIN 55027-6X100	1 ST
225	5.0106.50.80.00.50	VULKOLANPLAETTCHEN RD5X3	2 ST
227	5.0121.11.01.15.00	SPRENGRING SB115	2 ST
238	0.1138.01.05.05.00	ZAHNRAD Z=46X2	1 ST
240	0.1138.01.05.06.00	FEDERRING	1 ST
242	0.1138.01.05.07.01	ZWISCHENRING	1 ST

Name:	Klasse:	Datum:

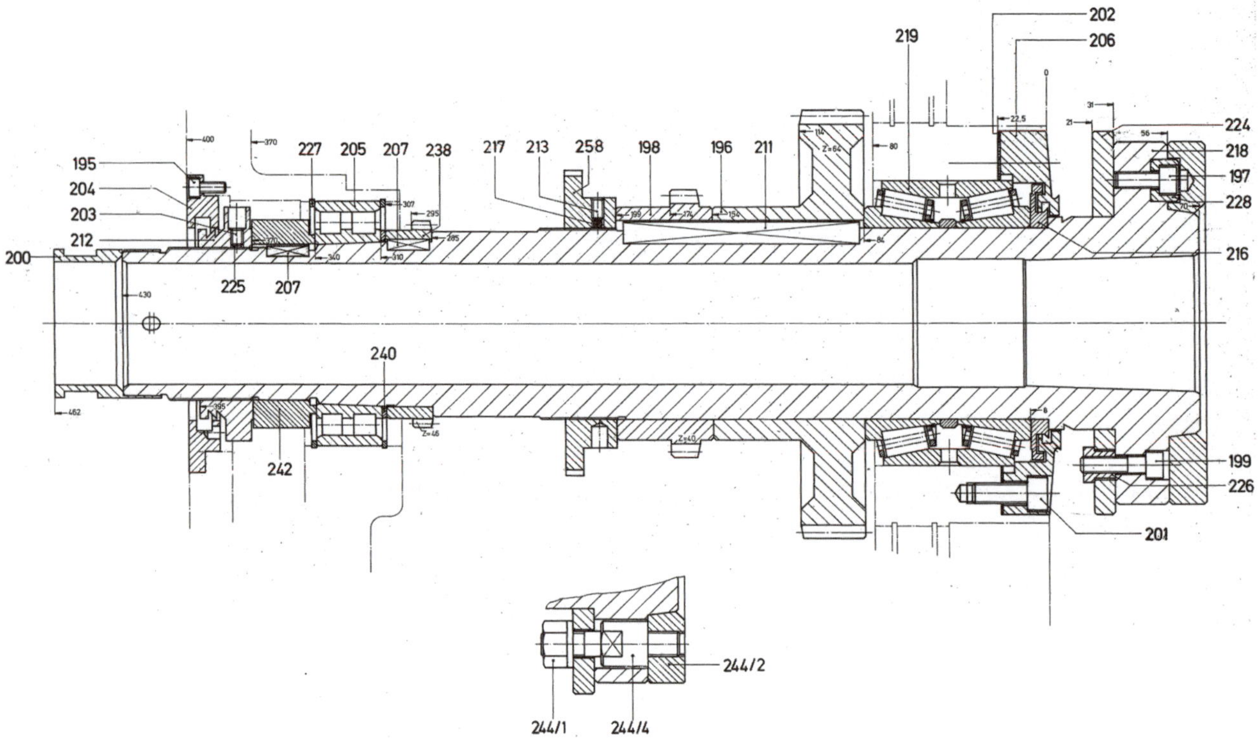

d) Die Bedienungsanleitung der Maschine zeigt die Schmierung und die dazugehörige Stückliste. Versehen Sie die *Ölschmierpumpe*, den *Deckel zur Ölpumpe*, den *O-Ring* unter dem Deckel zur Ölpumpe in der Zeichnung mit den entsprechenden Positionsnummern.

Schmierung

Teilenummer	9.1148.01.13.02.00
Stücklistenstand	9.1148.01.13.02.00
Stücklistenstand	17.030

395	5.0148.10.20.00.00	OELSCHMIERPUMPE DKP 0.7 CW	1 ST
398	0.1148.01.13.03.00	SAUGSTUTZEN AC	1 ST
401	5.0101.25.10.05.70	ZYL.-SCHRAUBE ISO 4762-M5X70-8.8	4 ST
402	0.2138.01.13.21.00	STAHLROHR DIN 2391-6X1X30-ST35.29	1 ST
404	0.2138.01.13.22.00	STAHLROHR DIN 2391-6X1X60-ST35.29	1 ST
406	0.2138.01.13.23.01	STAHLROHR DIN 2391-6X1X225-ST 35.29	1 ST
407	5.0130.74.30.12.00	KUGEL DIN 5401-12-KL3	1 ST
408	0.1138.01.13.09.00	STAHLROHR	1 ST
409	5.0101.40.10.06.16	ZYL.-SCHRAUBE DIN 6912-M6X16-8.8	4 ST
410	0.2138.01.13.15.00	WINKELSTUECK	1 ST
413	5.0159.01.20.07.80	O-RING 78X2	3 ST
414	0.2138.01.01.06.01	DECKEL ZUR OELPUMPE	1 ST
415	5.0148.30.99.00.01	OELSCHAUGLAS D=44, D1=40	1 ST
416	0.2138.01.13.07.00	VERSCHLUSS-SCHRAUBE	1 ST
418	0.2138.01.13.08.00	DRUCKFEDER	1 ST
420	0.2138.01.13.11.00	DICHTRING	1 ST
422	5.0226.01.90.00.01	SIEBSCHEIBENFILTER 6120052171	1 ST
423	0.1138.01.13.14.00	KLARSICHTSCHLAUCH PVC 10X2X110 LANG	1 ST

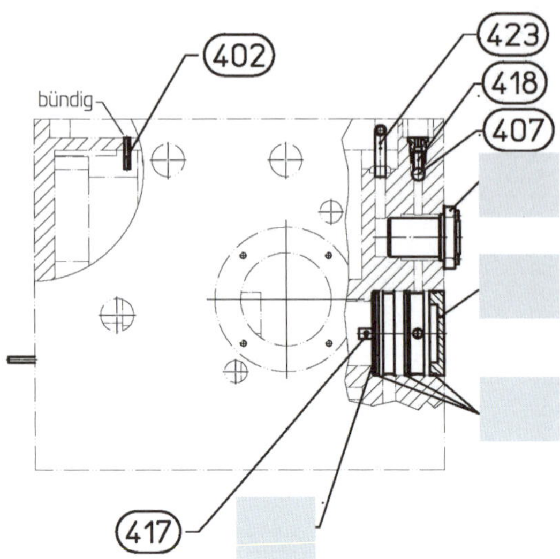

e) Beurteilen Sie, ob der Ölstand dieser Maschine aufgrund des Ölstands im Ölschauglas zu korrigieren ist.

Name: | Klasse: | Datum:

f) Nach dem Stillsetzen und Sichern der Drehmaschine und Öffnen des Deckels des Spindelstocks zeigt sich in der Verteilerrinne dunkler Abrieb. Welche Schlüsse für eine Schadensanalyse können Sie daraus ziehen?

g) Das doppelreihige Zylinderrollenlager und das doppelreihige Kegelrollenlager müssen ausgetauscht werden. Gleichzeitig werden die die Dichtung (Pos. 202) und der Labyrinthring (Pos. 216) ausgetauscht. Die Zylinderschrauben (Pos. 195) sind ebenfalls zu ersetzen und sind im Lager vorrätig. Berechnen Sie mit den folgenden Größen die Instandsetzungskosten K_I in € für die Hauptspindel.

Fertigungskosten = 0 €, da nur Kauf- bzw. Lagerteile benötigt werden	Lagerungskosten = betragen 0,03 €/h, die Lagerzeit beträgt 36 h	Ersatzteilkosten (netto): Wälzlagersatz 980 €, Labyrinthring 45 €, Dichtung 19,50 €	Stillstandzeit (Demontage, Montage, Ersatzteilbeschaffung, Funktionskontrolle) 12h 15min	Maschinenstundensatz im Einschichtbetrieb 69,55 €/h; Personalkosten 18 €/h

Name: | Klasse: | Datum:

Vorbeugende Instandsetzung

Merke

Die Strategie der vorbeugenden Instandsetzungsmaßnahmen wird oft dann gewählt, wenn:
die Sicherheitsrisiken bei einer Störung für ______________________ besonders groß sind,
die Produktionsausfallkosten durch eine Störung besonders _______ sind,
die Folgeschäden durch eine Störung besonders __________________ sind.

1. Nennen Sie Beispiele für vorbeugende Instandsetzungsmaßnahmen.

2. Nennen Sie Beispiele aus Ihrem Betrieb für vorbeugende Instandsetzungsmaßnahmen.

3. Die nominelle Lebensdauer L_{10h} von dynamisch belasteten Wälzlagern kann mithilfe von Tabellen berechnet werden. Die nominelle Lebensdauer wird in Stunden angegeben. Nach dieser Zeit sind 90 Prozent einer identischen Gruppe gleicher Wälzlager unter identischen Betriebsbedingungen noch in Takt. Begründen Sie, für welche Art der vorbeugenden Instandsetzung würden Sie sich bei einer technischen Anlage entschließen, wenn diese Wälzlager dort eingebaut sind und diese bereits Grund eines störungbedingten Ausfalls der Anlage waren?

Merke

Bei der zustandsabhängigen Instandsetzung werden Bauteile in Abhängigkeit von ihrem tatsächlichen Verschleiß instandgesetzt.

Name:	Klasse:	Datum:

4. Welche Nachteile hat die zustandsabhängige Instandsetzung?

5. Nennen Sie drei Vorteile einer zustandsabhängigen Instandsetzungsstrategie.

6. Vervollständigen Sie den Satz:

Eine zustandsabhängige Instandsetzung ist nur bei ________ Zustandsüberwachung möglich.

7. **a)** Beschriften Sie die abgebildeten Ausfallkurven mit den folgenden Begriffen.
Beobachtete Fehlerrate, Konstante Fehlerrate, Alterserscheinungen, Frühe Ausfälle

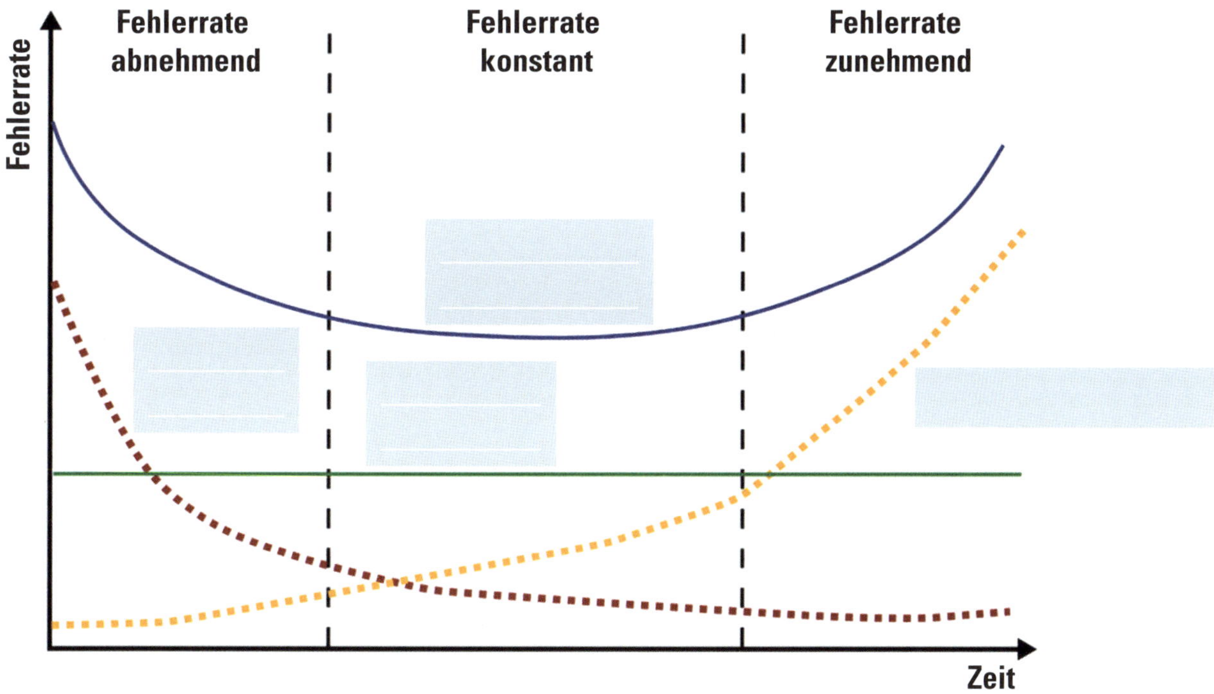

b) Welches Ausfallverhalten spielt dabei eine untergeordnete Rolle und warum?

Name:	Klasse:	Datum:

8. **a)** Durch welche Maßnahmen kann eine zustandsabhängige Instandsetzungsstrategie deutlich verbessert werden und so die vollständige Lebensdauer der Bauteile vollkommen ausgenutzt werden? Welcher Vorteil ergibt sich für die Instandhaltungskosten daraus?

b) Welche Voraussetzung muss dabei erfüllt sein?

9. Finden Sie heraus, ob in ihrem Betrieb ein solches System zum Einsatz kommt und erfragen Sie die überwachten Messgrößen.

Name:	Klasse:	Datum:

Verschleiß

1. Beschreiben Sie die Bedeutung des Begriffs Verschleiß.

2. Nennen Sie mindestens drei Vorgänge, die zu Verschleiß führen können.

3. Beschreiben Sie die Bedeutung des Begriffs Tribologie.

Schmierstoffe

1. Von welchen Anforderungen hängt die Auswahl des richtigen Schmierstoffs ab?

Merke

Bei Mineralölen hängt die Viskosität von der ________________ ab. Je höher die Viskosität, desto ________________ ist der Schmierstoff. Je kleiner die Viskosität, desto ________________ ist der Schmierstoff.

2. Welche Besonderheit in Bezug auf die Temperaturbeständigkeit weisen synthetische Schmierstoffe auf?

3. Schmierstoffe sind in der Regel Sondermüll und müssen laut Herstellerangaben fachgerecht gelagert und entsorgt werden. Wo sind entsprechende Angaben zu finden?

Name:	Klasse:	Datum:

4. Aus welchen Anwendungsbereichen kommen die Schmierstoffe für die abgebildeten technischen Vorrichtungen?

Abbildung	Technische Anwendung	Anwendungsbereich des Schmieröls
	Zahnradgetriebe	Umlaufschmieröl
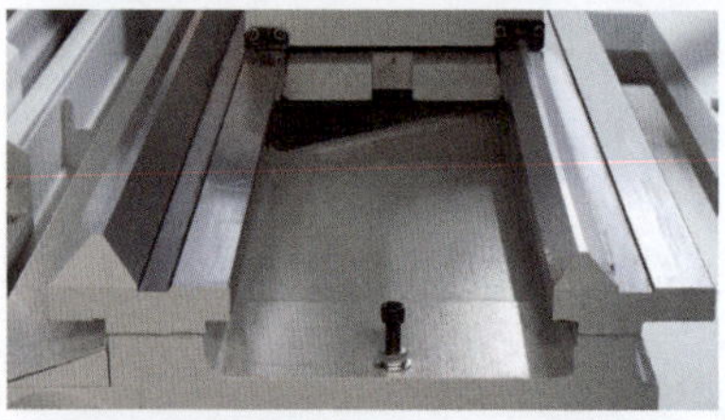		
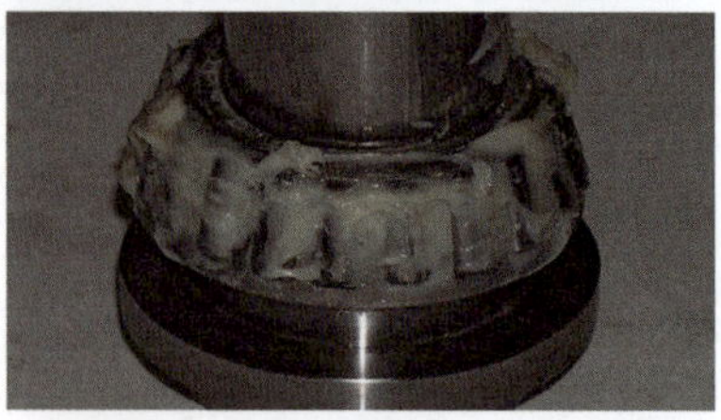		
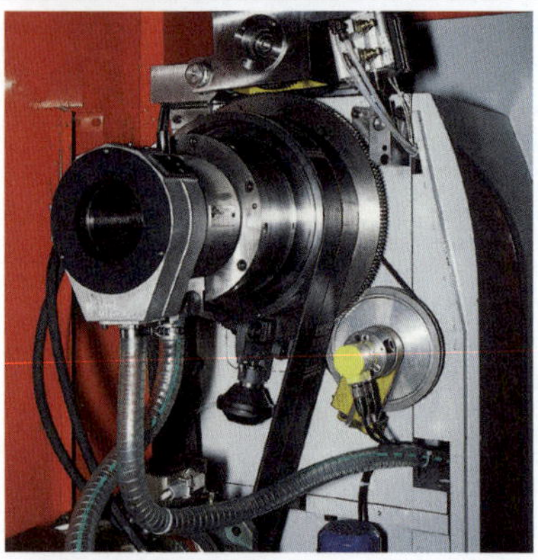		

5. Ergänzen Sie im Diagramm eine Linie, die das Viskositäts-Temperatur-Verhalten von Mineralölen abbildet.

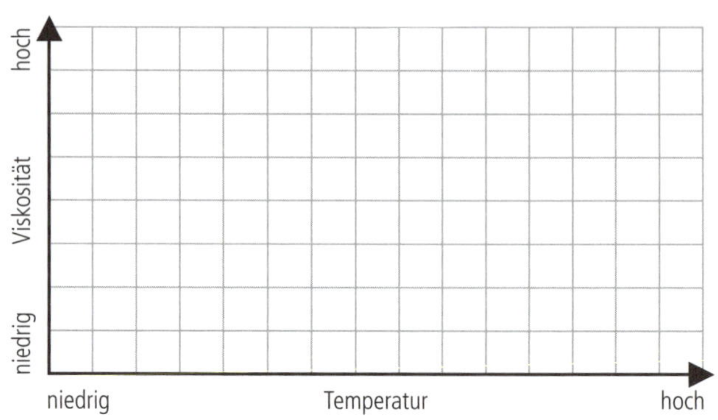

Name:	Klasse:	Datum:

6. Ordnen Sie die Erläuterungen den entsprechenden Fachbegriffen zu.

Kennwert
Konsistenz
Pourpoint
Flammpunkt
Viskosität

Beschreibung
Die Temperatur, bei der sich an der Schmieröl-oberfläche entzündbare Gase bilden.
Beschreibung des Fließverhaltens von Schmierölen und Kühlschmierstoffen
Fließverhalten von Schmierfetten
Die Temperatur, bei der das Schmieröl gerade noch fließt.

7. Schmierfette haften an den Schmierstellen. Welche Vorteile ergeben sich daraus?

8. Welche qualitative und quantitative Bedeutung hat die Angabe der Walkpenetration nach DIN ISO 2137?

Merke

Festschmierstoffe sind nicht genormt. Die Anwendungsgebiete der Festschmierstoffe hängen von den Eigenschaften der Bestandteile ab.

9. Vervollständigen Sie die Anwendungsgebiete der Festschmierstoffe in der abgebildeten Tabelle.

Bestandteile	Anwendungsgebiet
Kupfer bzw. Kupferlegierungen	
PTFE	
MoS_2 (Molybdändisulfid)	
Grafit	

Name:	Klasse:	Datum:

10. In welchen Anwendungssituationen kommen Schmierpasten zum Einsatz?

11. Schmierstoffe können verunreinigen oder altern. Vervollständigen Sie die Aufstellung über die Beschaffenheit von Schmierstoffen und deren Ursachen.

Trübung → Feuchtigkeit, feinste Schmutzteile

Verfärbung →

Dunkelfärbung →

Absetzendes Wasser →

Fremdkörper →

12. Welche Eigenschaften werden bei Kühlschmierstoffen gemessen, um deren Beschaffenheit zu inspizieren?

pH-Wertmessung mit Teststreifen → zeigt den Säuregehalt des Kühlschmierstoffs; Herstellerangaben beachten

Nitrit-Messung mit Messstreifen →

Konzentrationsmessung →

Merke

Bei zu hoher oder niedriger Konzentration der Emulsion niemals reines Wasser bzw. Konzentrat nachfüllen, sondern nur stark verdünnte bzw. stark konzentrierte Emulsion nachfüllen.

13. Welche Folgen haben eine zu hohe bzw. niedrige Konzentration der Kühlschmierstoffe?

zu hohe Konzentration	zu niedrige Konzentration

Merke

Es werden verschiedene Schmierverfahren angewendet, um den richtigen Schmierstoff zur richtigen Zeit in der geeigneten Menge an der vorgesehene Schmierstelle zur Verfügung zu stellen.

Name:	Klasse:	Datum: